松浦弥太郎の仕事術

松 浦 弥 太 郎

朝日文庫

本書は二〇一〇年三月、朝日新聞出版より刊行されたものです。

はじめに
「仕事術」なんて生意気

「三級浪高《さんきゅうなみたか》くして魚龍《うおりゅう》と化《け》す」という禅の言葉があります。深く尊敬する作家、立松和平さんのご著書から学ばせていただいた言葉です。

龍門には三段の滝があり、努力してその滝をさかのぼれば、鯉もいつかは龍になれるという教えです。僕はこの言葉を心から信じています。

このたび、このようなビジネス書の刊行にあたりまして、本書の意図について少し書かせていただきます。

僕は、成功者でもなく、億万長者でもなく、何か特別な知恵や技術をもっているわけでもありません。その秘訣や方法、またどうやって仕事をすれば、何もかもがうまくいくという、ノウハウを伝えるために、筆を取ったのではありません。

たかだか四十代半ばの人間が、人に物申すことがどれだけ愚かなことか。そのような心持ちでいます。どうぞお許しください。

では、何を伝えたくて書いたのか。

どんな方でも、いよいよ滝をさかのぼり始めるというときがあるかと思います。社会という歯車と、はじめてかみ合うときといいましょうか。就職したときか、転職したときか、肩書がついたときか。それは小さくとも夢を抱いて一歩前に踏み出すときです。社会という激しく流れる滝をさかのぼることは容易ではありません。右へ左へと揺れ動きながら、しかし、上へ上へと力の限りを発揮してのぼってゆきます。力尽きてしまい、はじめまで落ちてしまうこともあるでしょう。それでも、またもう一度、一段二段と傷だらけになっても滝をさかのぼってゆく。鯉であった自分が龍になることを夢見て。

今まさに、僕は何年もかけてその滝をさかのぼっているときです。滝の流れに負けてしまい、まっすぐにさかのぼれず、もうだめだとあきらめて、何度も滝の下まで落ちました。それでもまたもう一度、もう一度と、心を新たにして滝に挑んでいます。

そこで考え、悩むのは、自分はどうしてみんなと同じように滝をのぼれないのだろう。自分に何が足りないのだろう。苦に満ちた日々はさまざまな疑問だらけになってゆきます。

リルケという詩人がいます。彼がこのような意味の言葉を残しています。

「生きるということは悩み続けることである。悩み続けることが生きている証拠であり、しあわせでもある。決してしてはならないのは、その答えを求めることである」

人生というものは、死ぬまで日々悩み考え続けていくということです。それならば、滝をのぼり続けていくという行為は、悩みや考えにしっかりと向き合い、悩み抜き、考え抜くことが、すなわち生きるということ。ひたすら心を柔軟にして、のぼり続ければいいのだと知りました。

滝をのぼり続けるそのような日々の中で、知ったこと、学んだこと、大切だと思ったこと、発見したこと、感動したことなどを、僕は長年、自分のノートに書き続けてきました。それをまとめたものを本書に書かせていただきました。

ですから、これから滝に挑んでゆこうとする方、何度も何度も挑み続けている方、僕よりも、すでに上にさかのぼっていっている方に向けて、「滝へと挑みながら僕はこのようなことを学びました。それらを書き留めることで、さらに自分を叱咤することも含め、血となり肉となったことをみなさんと分かち合いたい。少しでも役立ててもらいたい」という気持ちが、本書の本当の意図です。

一つわかったのは、滝に挑み続けるには、自分に降りかかるあらゆる困難に対して常に疑問をもつことがとても大切だということです。困難に対する好奇心や関心をもつ素直な心を育むことです。難しいからといってはじめからあきらめたり、自分のせいじゃないと言って馬鹿にしたりしないこと。そういう日々を続けていれば、あるとき暗闇の中にキラリと輝く明るい道が必ず見つかるように思います。それを見逃さずにたどること。そうやって滝を少しでもさかのぼってゆくのです。

人はどれだけ悩んだのか、どれだけ迷ったのかということが将来を決めてゆくのだろうと思います。大丈夫、僕もみなさんと同じように、滝をのぼっては落ち、落ちてはのぼりを繰り返しているのです。

本書のようなビジネス書という世界で、書かせていただく若輩の僕のあれこれは、大いにおせっかいなことかもしれません。それも含め「仕事術」なんて生意気な言葉の使い方をどうぞお許しください。

写真・鈴木理策

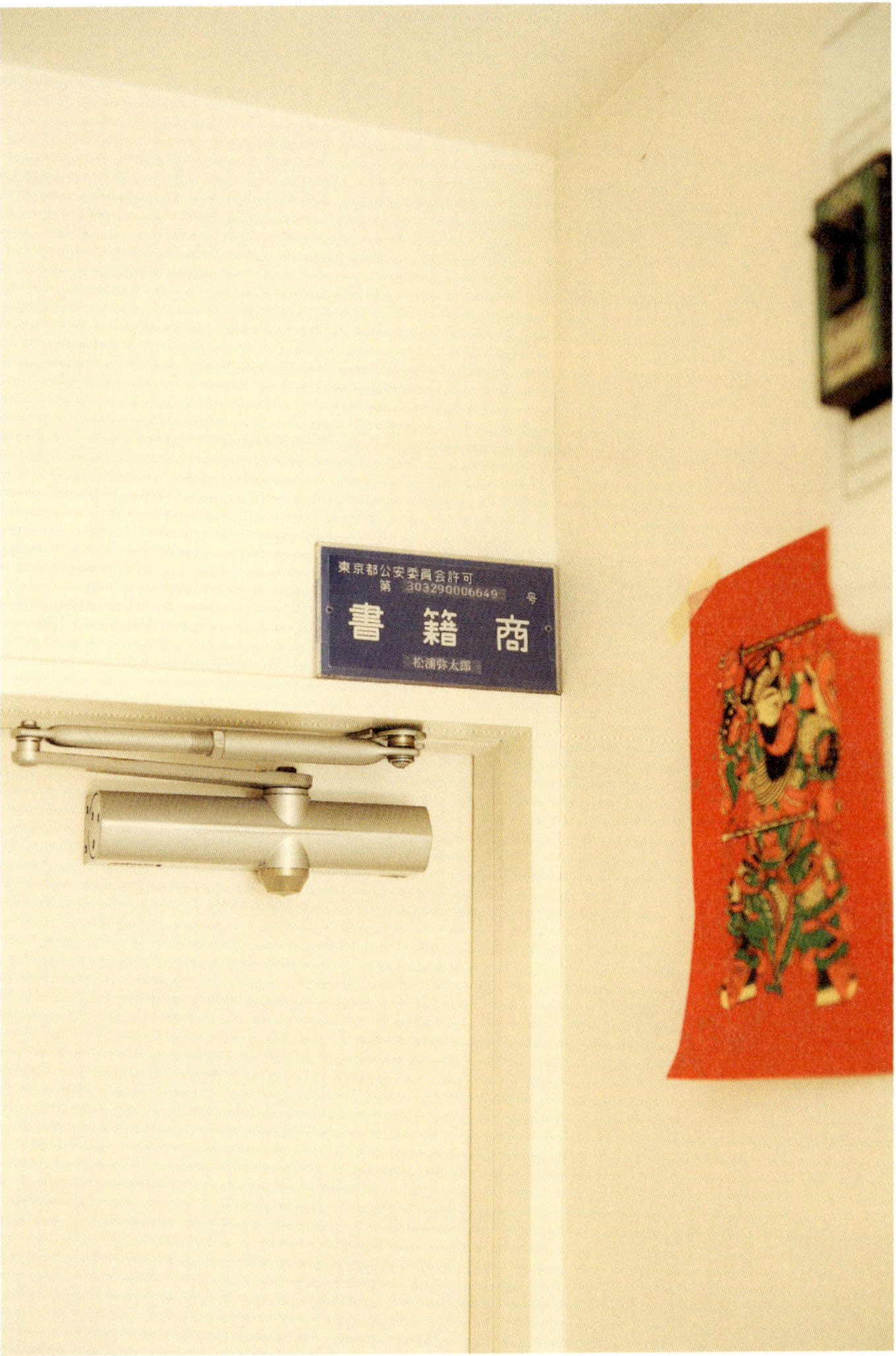
東京都公安委員会許可
第 303290006649 号
書籍商
松浦弥太郎

SONS
FRESH
MUSTARD

DISFARMER
COW BOOKS
EVERGREEN REVIEW

Location on the Lower East Side
purple.
STUDIES IN ZEN
前田夕暮全集
第三巻
散文Ⅰ
素白随筆
岩本堅一
山の四季
山の出べそ
随筆入門
風の歌を聴け
村上春樹
双竹亭随筆
邦枝完二
双竹亭随筆
邦枝完二
魯山人の料理王国
三四郎の椅子
池田三四郎

JUNE DAIRY

松浦弥太郎の仕事術　目次

松浦弥太郎の仕事術

第一章　働くこととは

仕事とは「自分」を役立てること

自分の行いが、人の役に立つ。

自分の中にある何かが、人に幸せを与える。

簡単に言えば、仕事の目的とはこういうものだと僕は思います。仕事とは個人の楽しみではなく、自分が社会とかかわっていく営みだと考えています。

「昔から大好きなことを、一生懸命努力してやりました」

時折、こう言って満足してしまう人がいますが、それだけでは仕事と言えません。

「こんなにがんばったのに、認められないなんて……」

不満を漏らす人もいますが、あたりまえの話です。

音楽でも芸術でも料理でも同じこと。

たとえ自分が大好きで一生懸命に行っても、その曲を聴いて心を揺さぶられる人、その芸術作品を見て心を動かす人、その料理を食べて幸せになる人がいなければ、それは仕事とは言えません。社会の中で人の役に立たなければ、いくら一生懸命にしたところで、ひとりよがりな自己満足に過ぎません。

これは、いわゆるクリエイティブな仕事に限った話ではありません。

組織に属している営業でもSEでも経理でも接客でも同じこと。「自分」という素材を個人の中で完結させているだけの人は、いくら優秀でも本質的な意味で仕事を果たしていないと思います。自分の能力を組織や顧客のために役立て、その人たちを幸せにするという意識は、社会につながるためには欠かせないものでしょう。

人との関係の中で、どのように「自分」を生かしていくかを考えなければ、何をしても仕事にはならない。逆に言えば、どんなにささやかなことでも、自分を社会で役立てる方法が見つかれば、仕事になる――このルールを、僕は十代終わりに学びました。

高校をドロップアウトし、アメリカと日本を往復しながら暮らしていた頃の僕は、手っ取り早く現金を手にするために、建設現場で肉体労働をしていました。

学校も通っていない、肩書もない、職業もない。やりたいことも得意なこともなかったので、放っておけば「いったい自分は、何のために生きているのだろう?」と、自分で自分を追い詰めてしまいそうな状況にありました。

そんな僕が自分の存在理由を探すには、どれほど小さなことでもいい、何か人に喜んでもらえることを見つけ、それを一生懸命やるしかありませんでした。

何者でもない自分が、人に喜んでもらえること。それはたいそう難しい課題に思えましたが、何のことはない、毎日行っていた建設現場でたやすく見つかりました。

雇い主に煙草を買ってこいと命じられ、走って大急ぎで買ってきたとき、「おっ、早いな」とほめられた出来事。それが当時の僕には心が躍るほどの喜び、自分が人の役に立ったという実感につながったのです。

重たい建材を運べという、若くて元気な男なら誰でもできるようなことでも、缶コーヒーを買ってこいという、子どもでもできるようなことでも、無心になってきちんとやれば相手に喜んでもらえます。

たかが肉体労働、と思う人もいるでしょう。しかしどんな場所であろうと「確かに人の役に立っている実感」は、何ももたなかったからっぽな僕に、このうえない幸福をもたらしてくれました。

高校をドロップアウトしたことで「社会からの脱落者」という意識もあったために、人から信頼されようと必死になっていたのかもしれません。もしかしたら、自分のプロフィールに対するコンプレックスに根ざすものかもしれませんが、この頃抱いていた「どんなことでもいい、人の役に立ちたい、喜ばれたい」という気持ちが、僕の「それから」をつくってくれたように感じます。

古書店の経営もそうでした。世界の片隅に埋もれて見つからない本を、デザイナーや写真家など、本当にほしがっている人のために提供する。それを実際に役立ててもらったとき、本探しは僕の特技ではなく、大きな喜びを伴う仕事になりました。

文章を書くことも同じです。一人でただ綴っているのではなく、自分が考えているアイデアや思いを発表し、人に役立ててもらえたとき、それは仕事になりました。

『暮しの手帖』の編集長という仕事は、僕自身はもちろん、編集部一人ひとりの感動をまとめて提供し、人に喜んでもらい、人を幸せにすることだと考えています。

「自分は何がしたいのか?」ではなく、「自分を社会でどう役立てるか」を考える。最終的には、その仕事を通じて人を幸せにしていくことを目標にする。これさえ忘れなければ、よき仕事選びができます。毎日の働き方が変わります。

「ゼロ設定」で自分を成長させる

「これさえやっていれば、一生食べていける」とは、よく使われる言葉です。

仕事の定義として、これもありだと思います。

しかし、もしも自分が「もっと学びたい、成長したい、今までにない自分をつくり出したい」と考えているなら、一度それを捨ててしまったほうがいい。

たとえば僕は、長い間文筆業や書籍商をフリーランスとして営んできました。一人ですべてやることについては、たくさん学んできたつもりです。

どんなことでも考えて工夫し、一人でいても、この先ずっと生きていけると思っていました。

満足と安心と自信。そして、いくばくかのプライド。

これらは仕事をしていくうえでは大切なものですが、時としてさらなる成長の邪魔になります。

「こんなクオリティではだめだ」といったん否定し、自分に足りないものは何かを見つけ出してこそ、いつも新鮮な人間でいられるし、成長できると思うのです。


僕の場合、いったん自分のクオリティを否定し、やがて見えてきた「足りないもの」とは、組織の中で働くことでした。大勢で一つのプロジェクトに取り組む経験がなかったゆえに、人と協力するスキルが圧倒的に欠落していたのです。

『暮しの手帖』の編集長の誘いをいただいたとき、ある種の恐怖を感じました。人と協力するという自分の苦手分野を自覚しているのに、それがなければできない仕事です。

組織で働くという、それまでまったく経験がない世界に飛び込むことへの恐怖。

四十代から、経験したことがないことを、経験しなければいけない不安や戸惑い。

今まで身を置いてきた古書店経営や文筆業の世界では、「松浦弥太郎です」と言えば、ささやかながら自分のポジションがあって、たいていの仕事は思ったとおりにいきます。

しかし、未知の分野である雑誌編集長となれば、その世界で名乗ったところで何一つ効力はありません。これまで積み重ねてきたことも、まったくリスペクトされないわけです。

それでも誘いを引き受けたのは、自分に足りない新しいことを学び、さらに成長したいと願ってのことでした。そして、自分を選んでいただいたことへの感謝。

自分自身をゼロ設定し、新しい世界に飛び込んだら、人に教えを請わなければなりません。

「ゼロから始めますから、どうぞよろしくお願いします。勉強させてください」

こう言って頭を下げるとき、プライドなんてものは不要。むしろ、邪魔になるだけの代物です。

経験がない新しい世界に飛び込み、自分に欠落している部分について教えを請うことは、決して心地よいことではありません。

しかしいざ飛び込めば、心地よい場所にとどまっていては学べなかったことを学べるでしょう。違う自分を見つけ出し、さらなる成長を遂げることができるでしょう。それは幸せなことだと僕は思います。

たとえば、今までずっと足し算を勉強してきた人が、足し算だけで生きていこうとしても、暮らすうえでは困らないかもしれません。しかし、掛け算というものがあると気づき、掛け算を学ぼうと決めたら、もっと便利になります。

足し算だけで生きる人と、掛け算を知って生きる人の違いは、学ぼうと決めるか決めないか、ただそれだけ。いったん「2＋2＋2」と足していくルールを忘れ、「2×3」という新しいルールを学ぶ勇気があるかどうかです。

年齢を重ねても初々しくありたい、少しずつでもいいから常に成長したいと、僕は願っています。四十代から組織で働くという新しい挑戦、すなわち「ゼロ設定」は、その願いをかなえるためのチャンスだったと今では思っています。

たとえまだ若くても「自分はすごい、このやり方でいいんだ」と満足した段階で、その人はもう、落ちていくだけになるでしょう。そこが山の頂上だと決めたとたん、その先の人生は下り坂です。

いつも果てしない山の頂上を目指して登っていく。

もし自分が、そんな働き方、生き方をしたいのであれば、これまでのやり方をいったん捨てて、新しい経験に挑戦してみましょう。

「自分の得意」を磨く勉強

「勉強すればいい」

キャリアや働き方について若い人から尋ねられるたび、僕はこう答えます。たいていの人は、「はい、そうですね」とうなずきます。

ところが何日か経ち、たまたま会った僕が「どう、勉強している?」と尋ねたとき、「はい、しています」と答える人は一人もいません。

勉強せずに平気でいられるというのは、僕からするととても恐ろしいことに思え、何とも不思議でたまらないのです。

「仕事=競争」とは決して思いませんが、仕事においては「自分を選んでもらうこと」が不可欠です。

たとえば世の中には自分と同じジャンルの仕事をしている人はたくさんいて、その中で自分が選ばれなければ、仕事はできません。

一般の会社であれば、一つのプロジェクトには同じ業務・同じ能力の人が何人もかかわっていて、上司なりクライアントなりから自分が選ばれなければ、その仕事はできません。

選ばれ続ける方法はたった一つ。常に勉強し続け、たゆみなく自分を磨いていくしかないのです。

くれぐれも誤解しないでほしいのは、「選ばれる＝ナンバーワンを目指す」ではないということ。

野球にたとえるなら、ある人は「三番・ライト」として選ばれるかもしれないし、ある人は「七番・ファースト」として選ばれるかもしれません。

もし僕が「五番・サード　松浦弥太郎」として選んでもらえたなら、五番・サードをしている人の中でナンバーワンでありたいと思います。

勉強とはその意味で、自分の「得意」を磨き続けること。

まったく自分には向かないし、関係もない「四番・ピッチャー」になる努力は、本来の勉強とは違う気がします。

つまり、社会の中の自分の役割においては、世界で一番でありたいと僕は願っているのでしょう。だからこそ、必死で勉強しているのです。

なぜなら、僕と同じくらいの能力のある人は世の中にゴロゴロいて、いつ取って代わられるかわからないと感じているからです。

「いつか編集長になりたい」

「あの人より、うんと面白い文章を書きたい」

こう考えている人など、いくらでもいるはずです。

日々クオリティを高め、他の追随を許さない仕事をしなければ、あっさり追い越されてしまうと思っています。正直に言えば、毎日危機感すら抱いています。

だから僕は、毎日勉強をします。一生懸命、勉強しています。

ちょっとでも自分が怠けたり、手を抜いたりしたら、すぐに追い越されることもわかっています。

いくら人にばれなくても、ひとたび嘘やごまかしを始めたら、自分の代わりになる人がすぐ後ろまで来ていると、いつも肝に銘じています。

もし、自分がまだ若いのであれば、自分より先を走っている人がいるでしょう。

それなりにキャリアを積んでいたとしても、いつも選ばれる人を横目で眺めながら、うらやましく思っているかもしれません。

そんなとき、「仕事とは？　キャリアとは？　働く意味とは？」と漠然と惑うだけで何一つ勉強をしていなければ、まわりがどんどん走っている中、一人だけ足踏みをしているようなもの。そのままでいれば、自分の目に映る景色は永遠に変わらず、たどり着きたい場所へ足を踏み入れることすらないでしょう。

勉強の具体的な方法については、後述します。

勉強をしないとは、自分が知っている小さな世界にとどまり、何ら進歩がないことだと僕は思います。

勉強せずに働くなんて、うまくいく確率が限りなく低いギャンブルみたいなものだと感じるのです。

敬意を表す身だしなみ

働くとは人とかかわることであり、その際なくてはならないものはマナーであり、敬意です。

どんな立場やどんな属性であろうと、相手に対する敬意がなくては、真摯にかかわることはできません。言うまでもなく、よい仕事とは真摯なかかわりから生まれてくるのです。

敬意を表すための基本は、身だしなみだと思います。

働く人であれば、自分の楽しみや快適さだけで、身なりを決めてはなりません。相手のことをどう思っているかを、一番わかりやすく表すものが身だしなみだと、覚えておきましょう。

人と会うとき、僕はネクタイを締めています。

「マスコミの人間＝ラフな格好」というイメージがあるかもしれませんが、マスコミの仕事は実際はたくさんの人に会う仕事です。目上でも目下でも、すべての人から何かしら教えてもらうことがほとんどです。

学びを与えてくれる人は、尊敬に値する人だから、彼らに敬意を表したい。僕にとってネクタイは、その気持ちの表れなのです。

企業に属するのであればネクタイはあたりまえかもしれませんが、改めて身だしなみを意識しましょう。思い切って高価なスーツを誂えろというのではありません。常に清潔感があるか、日々、確認しようということです。

夜遅くまで飲んでいたり、仕事で徹夜したりした翌朝、ろくに顔も洗わずに出社してはいないでしょうか。寝癖がついたまま職場に出てくるスタッフがいると、「シャワーを浴びてから来てください」と、僕はいったん帰らせます。

その日は外部の人とのアポイントメントがないとしても、身だしなみがだらしなければ、仕事のクオリティは確実に落ちます。会社の同僚もまた、働くうえでかかわっていく他者なのです。

僕は二週間に一度髪を切ります。忙しい、面倒だからと髪を伸ばしたままにしているのは、いただけません。これも身だしなみの一つだと思います。

男性であっても肌や目の輝きは大切です。清潔感とは、体のコンディションとも大きく関係してきます。つまり健康管理もまた、身だしなみの一環ということになります。

相手に敬意を表すための身だしなみ、この考え方を教えてもらったのは、僕がまだ若い頃のことです。

あるときジャズクラブの「ブルーノート」で、名だたるミュージシャンのライブがありました。どんな格好をしていけばよいか、悩ましいところです。

ある人は、特別なライブだからとフォーマルないでたちかもしれません。

女性は華やかなドレス、男性はブラックタイといったふうに。

また別の人は、目的はジャズを楽しむことだからと、ジーンズにシャツといった、くだけた服装かもしれません。

カジュアルすぎて場違いかもしれない。格式ばりすぎて浮くかもしれない。

僕は頭を悩ませました。

まわりの雰囲気を考え、その場に調和する服装が一番いいとマナーの本の類いにはありますが、冠婚葬祭でない限り、「ＴＰＯに合わせる」とは、かなり難易度が高い課題かもしれません。

そんなとき、年上の男性に教えられました。

「きみは、ジャズプレイヤーの演奏を聴きに行くんだろう？　それなら、まわりのみんなじゃなく、そのジャズプレイヤーに対して敬意を払う服装で行けばいいんだよ」

一流のジャズプレイヤーが、そのライブに備えて練習をし、勉強をし、素晴らしい演奏をするために、コンディションも最高に整えてやってくるのです。その日の主役は彼であり、僕がその場に足を運ぶ目的も彼。それなら、一流の音楽を奏でる人に、敬意を表す服装を選ぶのが一番正しい。僕はそう、教えてもらったのです。

その日から、あまりドレスコードに迷わなくなりました。

自分がかかわるすべての人に敬意を表すための、清潔感ある身だしなみ。これが基本としてあれば、たいていの場面にふさわしい服装もわかってきます。

仕事と車と靴の法則

履いているときの足元ではなく、どこかで脱いで、あたかも他人のもののように離れた距離から眺めたとき、「ああ、いいな」と思える靴。そんな靴を選びたいと、いつも考えています。

これは車も同じで、駐車場に停めておいた自分の車を遠くから見たとき「ああ、何だか好きだな」と思える車に乗りたいと思います。

とくに男性の場合、靴と車はリンクしていて、どんなものを選ぶか、どんな手入れをするか、どんな使い方をするかに、人としての佇まいが現れます。そしてすべての基本という意味では、靴と仕事ぶりはリンクすると僕は感じているのです。

靴に自信がないと、その日一日がだめになる。

汚れてかかとのすり減った靴を履いていて、いい仕事なんかできるわけがない。

そんな気すらするので、定期的に手入れをしています。和食のお店や旅館など、いつ何時靴を脱ぐ場面があっても、まわりの人に失礼にならず、自分自身が恥ずかしくないものを身につけるよう心がけています。

仕事のための靴の選び方は、流行的なデザインを避けること。奇をてらったり目立ちすぎたりするものは、働く場にふさわしくありません。ベーシックで主張しすぎないものを、きちんと手入れして履くのが理想だと思います。

あるときロンドンの靴専門店、ジョン・ロブの社長に話を聞く機会がありました。靴好きな人なら知っているとおり、ジョン・ロブの靴といえば一八四九年創業の超一流の手づくりの逸品です。革の裁断から縫い合わせ、ステッチなどまで、全部の工程がていねいな職人芸で仕上げられていきます。

それだけに廉価とは言えません。手に入れやすいものでも、日本円にして十万円以上はします。名だたる店ですが、「すごい靴屋なんだ」と期待して入ると、もしかしたら拍子抜けするかもしれません。なぜなら、そこにあるのはごくスタンダードな靴ばかりだから。ローファー、紐靴、ブーツなど、デザイン性がほとんどない、昔ながらのシンプルな定番しかないのです。

僕はジョン・ロブの靴をもっていますが、飛び切り上等な靴だと気がつく人は、おそらく誰一人いないと思います。ごく平凡で目立たない、だからこそ働く大人の男性にぴたっとはまる靴なのです。

ジョン・ロブの社長は、こう言って笑っていました。

「上等な靴に、デザインはいらない。きちんとした手入れは必要だけれど、いい靴なら、ぴかぴかに磨き立てなくてもいい」

ぴかぴかに磨かないというのは、「おろしたての新品は格好悪い」というイギリス独特の美意識かもしれません。ツイードのジャケットを買ったなら、ちょっと汚したり、しわにしてよれっとさせてから、おじいさんから譲り受けた古着のように着る。新車を買ったなら、一週間ばかり道端で雨ざらしにしておき、なじんだふうにしてから乗る。そんな感覚です。

しかし、「上質なものにはデザインはいらない。磨き立てなくてもいい」という彼の言葉に、僕ははっとさせられました。本質的なことはすべてベーシック。ことさらに飾ることもない。そんなメッセージを伝えられたように思ったのです。

社長はまた、「ジョン・ロブの靴は、きちんと手入れさえすれば毎日休まずに履けるし、それで四十年もつ」と話していました。

仮に二十歳で数十万円の靴を求めたとしても、定年の六十歳まで、毎日同じ靴を履けるというのです。働く人が仕事用の靴を生涯トータル何足買うのかはわかりませんが、決して高くない買い物かもしれません。

自分のライフスタイルにそぐわない高価すぎる持ちものはバランスを崩し

ます。若い方であれば、そこそこ上質で自分の足に合うものを、黒と茶色と色違いで二足もつといいと思います。仮に三足買える予算があるなら、それを二足ぶんにして、そのぶん上質なものを長く履くことです。上質なものを大切にしながら、長期にわたって履いていく。これはまさに働く姿勢に表れます。

さらに、靴は仕事の基本である健康管理にもつながっています。営業職などで歩き回る人であれば、なおさら投資を惜しまないほうがいいでしょう。業種を問わず、いい靴と、粗悪な靴とでは、一日中履いて過ごした後の疲労感も違ってきます。一日の終わりが、靴によってがらりと変わるのです。

服よりもダイレクトに体に影響する靴は、慎重に選んで然るべきビジネスツールだと思います。

約束を守る

社会と上手にかかわる方法は、実はとても簡単です。

約束を守る。

ただこれだけで、どんな相手との、どんな難しい仕事もうまくいきます。約束をきちんと守ることを積み重ねていけば、いずれ自分は多くの人から信頼されるようになるでしょう。

これほどシンプルな話なのに、約束を守らない人はたくさんいます。

たとえば「ゴミはちゃんと分別しましょう」というのも、れっきとした社会との約束です。しかし、朝の通勤途中に飲んだコーヒーの缶を、誰も見ていないときなら「まあいいか」とばかり、駅のゴミ箱の分別を無視して捨てる人は、案外多いものです。

社会のルールとして決まっていることを人が見ていないからといって、「まあいいか」で流さない。これも約束を守るということです。

また、自分で「やる」と決めたことは、何があってもきちんと行う。これも約束を守るという姿勢です。

時間に遅れないというのは、仕事をしていくうえで欠かせない、守るべき約束です。アポイントメントはもちろんのこと、提出期限、納期、あらゆる締め切りの類いは、破ることが許されないものだと思います。

時間管理については後述しますが、「時間どおり」のちょっと手前を目指し、約束した時間より前に待ち合わせの場所に到着する、あるいは納品日より早く品を納めるといった習慣を身につけましょう。

たとえば僕が原稿を書く場合、締め切りに間に合わせるのは大前提です。しかし、期限より三日か五日早く渡すことができれば、相手は予定より早く原稿を入手できて助かるでしょう。前倒しにして時間を守っていけば、相手にメリットがあるばかりではなく、自分も余裕ができて楽になります。

さらに、単に約束を守るだけでなく、それで相手を喜ばせることができたら、仕事はぐんと、よいものになります。仕事に限らず、あらゆることがプラスの方向に回り出します。

原稿の例で言えば、締め切りより早く渡すだけでなく、その原稿を読んだ担当編集者が大喜びするほどいいものにしたいと、僕は常に考えています。それが読者を幸せにすることにつながると、信じているからです。

とくに仕事となると、「約束を守る」「時間を守る」ことには注意を払っても、僕たちはその延長線にある「相手を喜ばせること」を忘れてしまいがちです。

「仕事なんだから、決められたとおりのことを、決められた日までに果たせばいい」

必要最小限のことにとどめておかなければ、搾取され、損をするとでも思っているのでしょうか。こんな態度のまま、ルーティンな毎日で自分をすり減らし、あげくに安っぽい割り切りを身につけてしまったら、いい仕事ができないどころか、最低限の義務すら果たせなくなります。

仕事においては、八十パーセントの出来でも何とか許される合格点、時にはそんなこともあるかもしれません。しかし、ぎりぎりの合格点などというものは、プロである以上、忘れたほうがよいラインです。百パーセントのことをするのが、仕事の世界ではスタンダードなルールだということです。

できればそれすら超えて、二百パーセントを目指しましょう。言うまでもなく、二百パーセントとは物量的なことではなく、受け取ってくれる人の喜ぶ度合いを指しています。自分なりの付加価値をつけて、相手を喜ばせることが、僕の言う二百パーセントなのです。

約束を守る。
時間を守る。
相手を喜ばせる。

この三つは僕にとって仕事の三原則であり、いわばセットのようなものです。これを忘れずに自分を律していけば、いつか自分自身が心の底から幸せを感じられる仕事も、できるようになります。

働くうえでの万能の書

好みとはまるで別に、ずっと手元に置いている本があります。仕事をしていくうえで、なくてはならないものだと感じています。

第一には歳時記。

四季の移ろい、年中行事、春夏秋冬それぞれの自然や風物、季節ごとの暮らしにまつわる言葉などがまとめられています。

「歳時記＝俳句を詠む人の季語集」という認識が一般的かもしれませんが、季節とかかわりのないビジネスなど、日本には一つとしてありません。

それなのに僕たちの季節の感覚はいつの間にか、人為的につくられた消費サイクルに取って代わられ、どこかおかしくなっています。

春が来たとたん、飲料のコマーシャルが増えて水着が店に並ぶ。秋が深まるとハロウィンとクリスマスと年末年始が連結してやってくる。こういった本来の四季とはまったく別のシーズンを、テレビ、新聞、雑誌、そして多くのマーケットがつくり出しているのです。そんなものに翻弄されるのは、そろそろおしまいにしたいと思うのです。

歳時記を常備し、折に触れて開くと、日本ならではの季節の感覚を取り戻すことができます。自然の変化に敏感になることで、新たな発想も生まれてくるものです。

第二には、ヘンリー・デイヴィッド・ソローの『ソロー語録』（邦訳：文遊社）。

ソローといえば『森の生活』（邦訳：岩波書店ほか）で知られた思索家です。

この本には、ソローが自然を散策し、思索した中で見つけ出したエッセンスが凝縮されています。僕流に解釈すると「自立歩行のすすめ」なのです。

どこに所属していようと、誰と共にいようと、結局のところ自分という存在は一人であり、生きていく単位はあくまで「個」だと思います。個であるとは、すべての責任を自分一人で引き受けるということ。言葉にするのはたやすいのですが、とてつもない勇気と覚悟がいります。

寄りかかったり頼ったりすることなく、いつも自分の足で毅然として歩き続ける生き方を、生涯にわたって問い続けたソローの言葉。彼の考えは、足元がぐらつきそうなとき、自信をなくしたとき、しっかりと自分の道を踏みしめる指針となってくれます。

これは本ではありませんが、アップルの共同創業者スティーブ・ジョブズがスタンフォード大学の卒業式で行ったスピーチも、仕事をしていくうえで本当に役に立つものだと思います。ご存知の方も多いでしょう。

何度聞いても、難しいことをとてもわかりやすく話している、素晴らしいスピーチだと感じます。自らの半生を振り返り、挫折も信念も率直に語っています。

飾り気がまるでなく、心にまっすぐ入ってくる。ジョブズの言葉は人間としての先輩から後輩への言葉と言ってもいいのではないでしょうか。後追いでなく、常にチャレンジを続ける真摯な姿勢。彼がスピーチの中で自分自身のための言葉だと言い、卒業生にも贈った締めくくりの言葉は、働くすべての人に必要なメッセージだと感じます。

Stay hungry, Stay foolish.（ハングリーであれ。かしこくなるな）

第二章

仕事と暮らしを楽しむ生き方

健康管理という仕事

包丁をぞんざいに扱う料理人。

レンズが汚れていようと、てんでお構いなしのフォトグラファー。

そんな人の仕事ぶりを信用しろと言われても、僕はためらいます。彼らが生み出すものが素晴らしいとは、どうやっても思えないのです。

自分がプロとして携わる仕事の道具は大切に取り扱い、どんなときでも最良の働きができるよう、メンテナンスを忘れない。これが働くうえで欠かせない最低条件だと言えば、たいていの人は納得するはずです。

プロのアスリートの場合、睡眠時間や普段の食事など、徹底的に健康管理をしています。自分の体が仕事の道具だと熟知しているためです。

しかし、自分の体が仕事道具なのはアスリートだけではありません。使い方に多少の違いはあっても、誰もが体と心を使って働きます。その意味で体と心とは、職種を問わず、すべての人が使う「仕事の道具」なのです。

それなのに、自分の健康をないがしろにしている人が、あまりにも多いのではないでしょうか。

心なしで成し遂げられる仕事は何一つありませんし、体調を整えていなければ、いかなる責任も取れません。プロとして仕事に欠かせない道具を大切に扱うことは、当然すぎるくらい、当然の話なのです。

だから僕は、「仕事の基本は何ですか?」と尋ねられれば、迷わず「健康管理」と即答します。そのとおりだと信じ、日々実践しています。どんなに火急の仕事より、どんなに重要なプロジェクトより、どんなに難しいクライアントより、最優先すべきは自分の体と心の健康です。

逆に言うと、体と心が健康でなければ、どんなに簡単な仕事でもミスをしますし、なじみの取引先ともトラブルを引き起こします。体調を崩せば、「できてあたりまえ」のルーティンすら、ままならなくなるのです。きちんと健康管理ができてこそ仕事ができるし、プライベートも充実する。これは確かな真実だと思います。

「本当に大切な仕事なら、心身を犠牲にしてでも成し遂げるべきだ」

世の中にはこういった価値観をもつ人もいますが、単なる悪しき習慣だという気がします。

寝る間を惜しんで働き、一時パフォーマンスが上がったように感じても、長年、実績と信用を積み重ねていくためには、かえってマイナスになると思うのです。

だから僕は、何があろうと睡眠時間は削りません。

どれだけ眠ればコンディションがよいかは、人によって差があります。上質な仕事をしたいのであれば、自分に合った睡眠時間をきちんと守りましょう。僕は七時間の睡眠が必要なので、これをキープするスケジュールにしています。

健康管理をするには、食事も大切です。

暴飲暴食などもってのほか。体調のことを考えれば、ファストフード、ジャンクフードの類いなど、よほどのことでない限り口にしなくなるはずです。

「そこまで気を遣わなくても、何を食べても元気だし、多少の無理もへっちゃらですよ」

こう考えている人は、ちょっとイメージしてみましょう。

全財産をはたいて、車を購入したとします。買い替えはきかず、生涯乗り続けるための、唯一無二の一台です。あなたはその車に、不純物だらけの明らかにエンジンを傷めるような適当なオイルを入れて、平気でいられるでしょうか?

体はいかなる高級車よりも長く使うし、はるかに価値があるものです。このシンプルなのに忘れやすい事実を思い出しましょう。いいものを食べて、できるだけ注意深く、自分という車を良質の燃料で動かしてやろうではありませんか。

特別なオーガニックフードや高級食材でなくとも、きちんと人の手でつくられたものを食べる。それだけで体は素直に違いを感じ取ってくれます。

ことさら神経質になる必要はありませんが、バランスも大切です。

僕は肉類を食べない代わりに、豆などで植物性のたんぱく質を摂りますし、野菜もビタミンを意識して食べます。刺激物や味の濃いものはなるべく避け、素材の味を生かしたものを選ぶだけで、ずいぶん違ってくるようです。腹六分目が僕のベストですが、これも年齢や体質によって、それぞれ調整すればいいと思います。

食生活を聞けば、その人の仕事のクオリティはだいたいわかります。食べる時間がばらばらだったり、いつもコンピュータの前でサンドイッチをかじっているような人は、知らず知らずのうちにそのすさみが仕事に反映されます。

健康管理とは「自分にとって、何が最適か?」を考えながら、コンディションを整える習慣だとも思うのです。

仕事をしていくうえで欠くことのできない集中力も、体のコンディションを整えてこそ、備わります。

規則正しい生活をしていると、一日の中でスイッチを切り替えるように、メリハリのある時間遣いができるようになります。何事にも役に立つ直感も働きます。

僕の場合、何かに集中してものごとを考えようとしたとき、意識のすべてがその一点に向かうため、耳には何も聞こえなくなります。

しかしこれも、前の日の疲れを残さず、体も心もスッキリしているときに限ります。自分でも集中力があるほうだとは思いますが、体調が悪かったり、疲れていたりすれば、その力も鈍ってしまうのです。

休日を充実させてセンスを磨く

「日曜日、どうしてた？」

僕はときどき、こう人に尋ねます。何の気なしの世間話に響くかもしれませんが、この質問の答えこそ、その人の「働くセンス」をありありと物語ってくれます。

「一日寝ていました」と、ひとことで答える人。

「こんな人に会って、こういうところに出かけて、こんなことをして……」

と、話を展開していける人。

二つのタイプを比べると、優れた仕事をするのは、明らかに後者です。

なぜなら、休日を充実させるためにはセンスがものを言います。

「○○をせねばならない」という義務がない休日、何をするのか決めるのは百パーセント自分です。逆に言うと、自分が決めなければ何もできません。

休日を楽しんでいる人は、自分でテーマを決め、自分を満たす工夫を自分で考え、自分なりに実践できています。

「今日はどうやって、自分を、家族を、恋人を、友人を楽しませよう？」

この疑問から、「○○をして楽しもう」という答えを見つけ出す、これは小さいけれど立派な〝発見〟だと僕は思います。

もちろん、「天気がいいから沖縄で海を見る」という答えが理想であったとしても、実行不可能では意味がありません。一定の条件下で、最大限自分にできることは何かを考える。これは発見を具現化する〝工夫〟なのです。

たとえば、「この土日で沖縄に行くのは無理だけれど、天気がいいからフットサルをしよう」というのも工夫です。「最近会っていないあの人を誘ってみよう」と、アレンジすることもできます。そこから派生して、「フットサルは人数が揃わないとできないから、カメラをもってスポーツをしている人の写真を撮りに行こう」と、まったく別の角度のプランを立ててもいいのです。

発見と工夫を自分の力でアレンジし、それを実行に移し、楽しむこと。こうした休日のプロセスが、その人のセンスをつくります。

いくら自分ですべてを決めるといっても、時間とお金といった制約がありますが、仕事とて、それは同じ。限られた条件の中で最良の道を模索することも、働くセンスを磨いてくれます。

一方、オフタイムの時間を楽しんでいない人は、「今、手持ちぶさたの時間を使って何をしよう?」という発想が乏しいようです。もしかしたら考える意欲すらないのかもしれませんが、その姿勢は仕事にも表れます。

「面倒くさいから、休日は出かけない」

「一緒に遊ぶ相手もいないから、ただ寝ている」

「忙しいから、休みも仕事をしている」

できない理由を並べ立て、自分の頭で考えずに漫然と時間をやり過ごしていたら、仕事ぶりも同じようになるでしょう。働くセンスはどんどん鈍っていきます。

自分の「行うべきこと」を自分で決められない人は、やがて不本意であろうと、上司やクライアントなど、「誰かに決められたこと」に常に従って、命じられるままに動くしかなくなります。

また、ウイークデイの業務を土日返上で行う人は、仕事の優先順位を間違えています。休日に最優先すべき「仕事」とは、目の前の業務ではなく、オフタイムを存分に充実させることです。数時間ぶんのルーティンワークをこなすより、一生にわたって影響する仕事のセンスを磨くほうが、はるかに大切だと僕は感じます。

さらに言うと、人が実力以上の力を発揮したり、はっとする成果を上げるのは、たいてい自発的に動いたときです。誰かに命じられたプロジェクトでは成果が出る確率も低く、ますます仕事が面白くなくなるという悪循環が生じます。

休日を楽しまない人はやがて、「一生懸命なのに成果が出ない」というジレンマに直面するかもしれません。休日を楽しまない人は、仕事以外のさまざまな人や出来事に触れるチャンスも見送っているため、アイデアはもちろんのこと、適応力も培われない危険もあります。

「何があっても、仕事であなたの生活を犠牲にしないでください」

僕は『暮しの手帖』の編集部員にも、「カウブックス」のスタッフにも、何度もこう言い続けています。優先すべきは自分自身の生活であり、そこが満たされていなければ、仕事でも何もできはしないと。

朝や会社が終わった後のひととき、休日、夏休み。自分だけのオフの時間。さて、自分はどんなふうに、過ごしているでしょうか。

自主性はオフの日に訓練する

「規則正しい生活が、何よりも大切」

これは、長年フリーランスとして働いてきた僕の実感でもあります。

何時に起きて、何時に眠る。毎日、決まった時間に仕事を始め、決めた時間にきちんと終わらせ、おいしい食事を感謝とともにいただく。

「規則正しい暮らし」とは、もちろん仕事にも大いに関係しますが、生活の原理原則につながると感じています。自分のルールをもつことこそ、自分が自分の主になり、自分が納得いく働き方、生き方をするための基本だと思います。

フリーランスとは、誰にも管理されない働き方です。

基本的に、「これをしなさい」と誰かが仕事をくれることは、まずありません。自分で仕事をつくり出し、自分で「何時から何時まで、このように働く」というルールをつくらなければ、たちゆかないでしょう。

「やる気になったときにやろう」と思っていたら、仕事の責任は果たせません。

「今日は気分が乗っているから徹夜をしよう」と無理をしても、万が一倒れたとき、助けてくれる人はいません。フリーランスであれば、自分で自分を律して守る以外の働き方は、成立しないのです。

一方、会社であれば、ただぼんやり机に向かっているだけでも、「やるべきこと」は誰かが与えてくれます。

面白かろうとつまらなかろうと、指示に従っていれば時間は自然に過ぎていき、いちおうの仕事はできます。極論すれば、まったく頭を使わずに働けるので、楽といえば楽です。

「こんな仕事はつまらないし、やりがいもない」などと不満を漏らしていても、いざ作業的に忙しくなれば、充実感を味わうことすらできます。「やることがなくて虚しい。お金が入ってくるかどうかもわからない」という事態に陥ることなく暮らせるのです。

しかしいかに心地よくても、その心地よさに甘んじていると、やがて人に決められたルールに従って生きざるをえなくなります。誰かが何かを決めてくれないと、何もできなくなってしまいます。

楽だけれど、幸せでない働き方。

そんなものは、きっぱりと遠ざけたい。

実は、フリーランスであろうと組織に属していようと、原則は同じこと。

「今より仕事ができるようになりたい、自分なりの仕事をつくり出し、自分に合った働き方をしたい」と願うなら、ルールをつくりましょう。誰かから与えられるルールではなく、自分自身が決めたルールに従って暮らしてみるのです。

組織には必ず「管理職」という役割がありますが、管理とは人にされるものではなく、「自己管理」が基本だと思います。

僕も管理職の一人ではありますが、「何をすればいいか、指示してください」と言ってくるような人とは、一緒に働きたくありません。

部下であろうと、イラストレーターやライター、フォトグラファーといった外部の人であろうと、自分で仕事を見つけ、つくり出し、工夫ができる人、そして自分のルールで働ける人と、手を携えて何かをしたいと願っています。

もしも自分で、自分のルールをつくり、自分を自分で管理したいのなら、一番よい訓練方法は、オフタイムを規則正しく過ごすことです。

会社にはすでに決められた「やるべきこと」が多数あるので、訓練の場としては適していません。指示を待つだけになると、やがては人のルールに飼い慣らされ、しまいには依存せざるをえなくなります。自分のルールなど生み出せません。

やるべきことを誰からも指示されないオフタイムこそ、リズムを守って暮らしましょう。「土日は自主性を養う訓練の日」と定義してもいいと思います。

たとえ日曜でも決まった時間に起き、さっぱりと着替え、自分が考えたことを、自分のスケジュールどおりに実行する。こうした休日の訓練は、働くこと、生きること、すべてに共通するあなたのリズムをつくってくれます。

組織に属していても、フリーランスであっても、プロとして仕事をしているすべての人は、必ず自分のリズム、自分のルールを知っており、それを緻密に守っているものです。

一人の時間を確保する

十日に一度ほど、最低でも半日、誰にも会わない時間をつくること。これは僕にとって欠かせないバランス調整です。

人はたいてい、人にまみれて生きています。仕事でも暮らしでも、他者とのコミュニケーションなしに成立するものはありません。

それは楽しみであり、かけがえのないことですが、人に振り回されることでもあります。他者と休みなくかかわっていると、さまざまな価値観、異なる意見、大小のトラブルに見舞われます。その絶え間ない流れに身を置いていると、いつの間にか自分の立ち位置がわからなくなり、自分がどこへ行きたいかを見失ったりします。

たとえて言うなら、常に満腹でいたら、どんなにおいしいものでもおいしくなくなるようなものでしょう。時には食べるのをやめて身体を休めるのが、おいしいものをおいしく食べ続ける秘訣です。

人との関係もそれに似て、一人の時間を確保してこそ、存分に人とかかわれると僕は思います。尊敬できる人、刺激をくれる人が多ければ多いほど、誰からも影響されない〝素の自分〟を保つことも必要になってくるのではないでしょうか。

僕はスケジュール帳に、アポイントメントとして「一人の時間」を記しています。仕事関係の人や友人はもちろんのこと、その日は家族にも会いません。

仕事場に一人こもって、「何もしない状況」に自分をもっていくのです。そんな無為のとき、自分が何を思い、何を考えるかを時折点検することが、バランスを保つために不可欠となっています。

十日に一度、半日は不可能だという人も、月に一度、六時間一人になろうと決め、スケジュールを確実に調整することで仕事の鮮度が変わってきます。

一人になるとは、外の世界すべてを遮断することでもあります。これはメンタルな疲れを取るのにも効果があります。

「本当に疲れたら、病気でなくても、休んでもかまいません」

僕は部下にこう言ってあります。

「何か別の理由があるだろう」と気がついていても、僕はあえて指摘しないし、休むことについて一向にかまわないとすら思っています。

風邪で熱っぽいとき、無理に仕事をしても意味がありません。さっさと休んだほうが体にもダメージが少なく、結果としてよい仕事ができるのは、誰でもわかります。

これと同じく、本当に精神的にまいっていたら、無理にがんばらずに少し休んだほうが、最終的には本人にとっても会社にとってもいいのです。

一人の時間を確保したら、そのとき最初に何が思い浮かんでくるかに注目しましょう。たった一人、何もしない状態で、ふっと椅子に座ったとき、真っ先に心に浮かんでくることが、自分の心の中で一番大きな問題だったりします。

仕事であれ、プライベートであれ、じっくり考えるべき問題ですから、孤独のひとときを利用して、存分に自分と向き合うことです。とことん、考えてみることです。

考えることにはエネルギーを要します。だからこそ一人の時間を確保すべきなのですが、時間はできても、じっくり考える心の体力がないこともあります。

思いどおりにいかないのが仕事です。懸命にがんばってもすべて徒労に終わり、力尽き、ストレスに見舞われ自信のかけらすら剝がれ落ちることは、しばしばあります。

「問題？　何が問題なのかはわかっている。だからこそ、どうしようもないんだ」

僕にしても、そうやって落ち込むことはしょっちゅうです。

こんな「仕事もだめ、人間関係もだめ」というとき、思索にふけるのはやめておきましょう。まずは自分を何とか立ち直らせるために、自分にとって好きで一番得意なことをしてみるのです。

たとえば、僕の「好きで一番得意なこと」は、ゴミの山から宝物を探すこと。

それを発展させてアンティークのセレクトという仕事もしてきたわけですが、本に限ったことではありません。ボロ布ばかりの古着の山から、ヴィンテージ・ジーンズを掘り出す。アンティークショップでは十万円で売られている品を、蚤の市のワゴンから見つけて千円で買う。昔から、そんなことが得意でした。

だから僕は、落ち込んだとき、仕事とは関係なく古書店に行きます。埃まみれの本の山から、「おっ、こんな宝が埋もれていた」と見つけ出すと、「ああ、自分は大丈夫」と自信を取り戻して安心できます。

人によって絵を描くことだったり、散歩だったり、ゲームをすることかもしれません。どんなことでも好きで得意なことをやれば、自信はすぐに取り戻せます。

そうして仕事に復活すれば、無理して働き続けるよりもずっと楽しくなります。

いい仕事をするために遊ぶ

「仕事は好きじゃないけど、遊ぶためには働いてお金を稼がないと……」

「残業続きで厳しいけど、そのぶんのお金で何か買えるからうれしい……」

時折、こういう発言をする人がいます。

これは「遊ぶために働く」という考え方で、おそらく、そう珍しいものではないのでしょう。しかし僕は、この手の話を耳にするたびに驚きます。発想の根幹自体が、何か違うと思うのです。


一般的に、朝の九時から夕方の五時までが会社などで働く時間です。

「遊ぶために働く」と言う人は、おそらく拘束されているこの八時間に対して、報酬が支払われると思っているのでしょう。それ以外は、お金ももらえないぶん、まったくの自由な時間であると。

しかし、僕はそう思いません。

報酬とは、むしろ会社などに拘束されていない十六時間に対して、多く支払われていると考えています。土日を含めればオフタイムのほうが多いのは、お金がそこに支払われているからです。

だから一緒に働いている人たちには、こんな話をします。

「会社はあなたに給料を払っています。でもこれは、会社から与えられた仕事を行ったことだけの報酬ではありません。給料の半分は、仕事を行っていない時間について支払われていると考えてください。いわば、いい仕事をするための『自分づくりの資金』をもらっているのだと、思ってください」

給料の半分は労働に対する報酬。

もう半分は、仕事をしていなくてももらえる資金。

こう言うと、「会社がいかに手厚く従業員をケアしているか」という話だと思う人がいますが、誤解です。

その資金とオフタイムを使って、きちんと体を休め、存分に遊び、生活を充実させてこそ、いい仕事ができます。会社側にすれば、優れた働き手をつくるための投資として、働く人のオフタイムに報酬を支払っていると思うのです。

「あなたの仕事は何ですか？」と聞かれたら、僕はこう答えます。

第一の仕事は、健康管理。

第二の仕事は、生活を楽しむこと。

第三の仕事は、与えられた仕事をすること。

この三つが揃ってはじめて、きちんと報酬を得られ、人を幸せにするよき働き手になりうると考えています。

一番目の健康管理については、すでに述べたとおり、すべての基本です。

二番目の生活は、遊びであり、学びであり、人間性を豊かに育むことです。

毎日を楽しく過ごし、暮らしを満たされたものにしてこそ、アイデアが生まれます。新しい経験や新しい楽しみを絶えず見つけ、味わっていればいるほど、常に新鮮な仕事ができます。学び続け、思索を重ねることで、よりよい自分に絶えず成長できます。枠にとらわれず、あらゆる経験の幅を広げてこそ、仕事に不可欠の適応力も培われます。

すなわち、会社のルールを守って与えられた仕事をこなすという「第三の仕事」をするのと同じくらいの責任感と熱心さをもって、一生懸命遊ばなければいけないと、僕は考えています。だから私生活は、大切な第二の仕事なのです。

この考え方は、暮らしを大切にするアメリカ人たちに教わりました。

「たくさん遊んで、豊かな人間にならなければ、いい仕事なんてできっこないよ」と。

「遊ぶために働く」とは、先の楽しみのために苦労と我慢を重ね、その埋め合わせとして遊びで発散するニュアンスがあります。

一方、「働くために遊ぶ」とは、まず楽しみながら自分を豊かにし、その豊かな自分を使って仕事というさらなるチャレンジをするというニュアンスがあります。

仕事と遊びは厳密に線引きできるものではなく、つながっていると僕は考えています。仕事が我慢と苦労だけだったら、どうして一生懸命にやれるでしょうか。

仕事には仕事の喜びと、面白さがあります。何より、自分を社会に役立てて人を幸せにするという目的があります。

これほど価値があるものを、同じく価値ある私生活ときっぱり区分けする人生など、ずいぶんこぢんまりして、つまらないと思うのです。

第三章

人とかかわって働くこと

その人の後ろの「五十人」を意識する

人を立て、その人を主役にすること。

これができるようになったとき、組織での仕事はずいぶん、円滑にいき始めました。大げさに言えば、仕事のスタイルがまったく変わったのです。

フリーランスとして長らく一人で働いてきた僕には、何でも自分一人でやる癖が染みついていました。

これは責任感、達成力といった面ではよいことでもありますが、反面、「自分以外の誰も信用していない」ことでもあります。

しかし、組織の中でより大きな仕事をしようというとき、すべてを自分一人でやろうとしたら、立ちゆかなくなります。自分自身がキャパシティ・オーバーで壊れてしまうし、何より仕事の質が落ちていくでしょう。

そこで僕は、人を信じて、人に任せる試みを始めました。

かなり難しいことではありましたが、それに慣れてきたらレベルを一つ上げ、その人を立て、その人を主役にする試みを重ねました。

「自分が、自分が」という意識を捨て去り、「この仕事はあなたが主役です」とまわりの人たちにお願いしていく。たとえ相手がアルバイトの若い人であっても、自分はあくまで手伝っただけであり、仕事の成果は主役に渡していく。

すると不思議なことに、本当にその人たちは主役へと育っていくのです。

あらゆる仕事は、人との関係で成り立っています。そこでいつも自分を押し通そうとしても、よい結果にたどり着くことはありえません。

「人を立てる」とは、相手を応援するばかりでなく、自分の仕事のスケールを大きくすることなのかもしれません。

「人を立てる」を、よりリアルに追求していくと、一緒に仕事をする相手に利益があるかどうかを考えることに行き着きます。「やりがいがある仕事」や「責任ある仕事」といった利益もありますが、一番わかりやすいのはお金です。

「この仕事は、この人にとって得はあるのか？　この仕事で、この人に利益をもたらすにはどうすればいいのか？」

この意識をもつと、本当の意味での分かち合いと共存ができると僕は思います。

お金というといやらしく感じる人もいるようですが、仕事で我慢を強いられても、最終的にお金が十分得られれば、解決されたりします。

利益とはまた、わかりやすい成果です。相手が儲かるとは、相手が成果を出し、苦労が報われる目印でもあります。

自分だけが成果を出し、一人勝ちで儲けるほど、寂しいことはありません。

自分一人だけが生き残って、みんなが滅びてしまったら、幸せになれっこないのです。

相手に利益が出ないほどの犠牲を強いて、コストを下げさせるなんてことを続けていては、よい仕事はできません。コストダウンは大切ですが、取引先との共存は忘れてはいけないと肝に銘じています。

驚くばかりの安価で買えるカシミアセーターの背後には、不当な低賃金で働かされ、泣いている人がいるかもしれません。正当な価値や価格を無視し、人を思いやらない。たとえ一時、低価格で成功しても、こんなビジネスに未来はないのが当然の話ではないでしょうか。

「一人の人の後ろには五十人がいる」

一種のたとえだと思いますが、こんな話をよく聞きます。

家族、友人、お世話になった人、学生時代の先生、仕事関係者、ちょっとした知り合い。トータルすれば、どんな人の背後にも、最低五十人の人間関係があるという話です。働くうえで、常にこの意識をもつことは大切です。この意識があれば、人を立て、相手の儲けを考える重要性が、より深く理解できます。

誰かとの約束を破れば、その背後にいる五十人にも、嘘をついたことになります。誰かを裏切ったり、傷つけたりすれば、その背後にいる五十人にも、恨みを抱かれることになります。

一人を敵に回せば、五十人の敵ができる。一人に嫌われたら、五十人に嫌われてしまう。こう考えれば、どんな人とのかかわりも、決しておろそかにしてはならないと、思えるのではないでしょうか。

翻って考えれば、一人に好かれれば、五十人の味方ができるかもしれません。

これは決して損得勘定ではありません。人間関係とはそれだけ大切であり、目の前の人と、それだけ真摯に向き合うべきだという話です。

「いつも新しい人」と付き合う

人と仕事をしていくときに、相手に自分と同じ働きを期待してはいけません。

「私はこのスピードで書類を仕上げられるから、この人もできるだろう」

これは勝手な思い込みであり、決めつけです。人にはそれぞれ、その人なりのスピードがあり、自分と同じとは限りません。

僕はかなりせっかちなので、以前は自分のスピードに追いついてこない人がいると、イライラして苦痛でした。しかし、人はそれぞれ違うことを学んでからは、「待つこと」が自分の課題なのだと思っています。

仕事のスピードはほんの一例で、人はみな、それぞれ違います。自分にしても、他人とは異なる部分があります。

「自分は他人と、何が違うんだろう?」

しばしば僕は、こう自問します。その違いから目を背けないようにしています。


なぜなら、自分と人との違いとは、残念ながらよい意味での違いばかりではないからです。単純に言うと、「私は人より仕事が速い」というのがよい違いなら、「私はせっかちで、人を焦らせる」という悪い違いもあるかもしれないのです。


一長一短、自分のよいところと悪いところを客観的に見ていくことは、仕事をしていくうえで非常に重要です。

あらかじめ、自分の悪いところや苦手なところを把握しておけば、そのスキルが必要とされる仕事については、慎重になるでしょう。判断や立ち居振る舞いも、どのように修整すべきかがわかるでしょう。
自分のよいところや得意なところを知っておけば、それを仕事でどう役立てるか、作戦を練ることもできます。

自分と他人の違いを点検することは、人とのかかわり方を知るばかりでなく、自分を知ることでもあります。それだけでも大いに意義がありますが、もう一歩、進めてみることもできます。
「自分のありよう」が見つかったら、毎日それを否定してみる。たとえいいところばかりだと感じても、いったん自己否定をし、常に自分を壊していく。これこそ、新しい自分を発見しようとする試みであり、成長につながると感じます。

「尊敬できる人・できない人」という区別を、僕はあまりもちません。

年上だろうと年下だろうと、目上だろうと部下だろうと、出会った人はみな、自分に何かを教えてくれる先生だと思っているからです。

また、自分が働くうえで行っていることも、考え方も、こうして本に書いていることも、純粋なオリジナルなど一つもないと思っています。

すべては細密な絵のように、さまざまな人の影響を受けたグラデーションで出来上がったものであり、出会った人すべては、自分に影響を与えてくれる尊敬すべき存在だと考えています。

それでも、今まで出会った中で、とくに好きだと感じる人、ずっと付き合いたいと思う人はいます。彼らは、みな「いつも新しい人」でした。

年齢を重ねていても子どものように無邪気で、素直で、人間としての鮮度がよい人。

初々しさを忘れず、いつもチャレンジを重ね、昨日の自分に安住しない人。

そうした人が、僕の「好きな人」であり、さまざまな人の中でも、とくに色濃い影響を与えてくれたと感じます。だからこそ、自分自身も「いつも新しい人」でありたいと願っています。

三つのアプローチを忘れない

新たな仕事の開拓でも、セールスでも同じです。人とかかわりをもつために、必ず役立つ三つのアプローチがあります。

笑顔と、挨拶と、自分の意見をはっきり伝えること。

これさえ備えておけば、どんな国のどんな人とも、つながりをもつことができます。あなたの仕事が何であっても、その人とかかわる目的がどんなものでも、コミュニケーションは立派に成り立つのです。

一つ目の笑顔は、生涯を通じたお守りになります。自分のほかの本にも書いていますが、繰り返し綴っているのは、それだけ大切だと信じているからです。

外国を旅していた若い頃、僕が人とかかわることができたきっかけは、いつも笑顔のおかげでした。言葉もわからず、文化の違いはたくさんあっても、笑顔で通じ合えるものは確実にありました。当時の僕は道端で本を売って生活の糧を得ていましたが、毎日心がけていたのは、できる限り笑顔でいること。"Have a nice day." "See you again." といったちょっとした言葉でも、笑顔を添えるだけでぐんと魅力が増します。

自分からアプローチするときだけでなく、相手から不意に声をかけられたときも、笑顔で振り向こう、そういう自分になろうとしていました。

何かと向き合うとはエネルギーを交換することですから、コーヒー一杯を飲むにしても、笑顔で「おいしそうだ」と飲むだけで、味は変わると思うのです。

仕事上のアプローチで、ずっと会いたかった人に会いに行くなら、まずは笑顔で接しましょう。本題がうまくいってもいかなくても、帰り際に笑顔を残しましょう。笑顔が最高のコミュニケーションをつくると信じて試せば、何かが変わります。

社内でも、会議室に入っていくとき笑顔でいるのと、あからさまに疲れた表情を浮かべているのとでは、会議の内容すら違うものになるはずです。

アプローチの二つ目、挨拶で大切なのは、決して照れないこと。

笑顔同様、挨拶もコミュニケーションには欠かせないものだということは、みんな知っています。僕もしばしば書いていますが、おそらくマナーの本にも、ビジネススキルを教える本にも、「挨拶を大切に」という項目があるでしょう。

挨拶の落とし穴は、慣れてくると照れてしまうこと。

「仕事場で、『おはようございます!』と大きな声で言うだけで、雰囲気が変わりますよ。朝、同僚に向かって『今日の調子はどうですか?』『その服、いいですね』と言うだけで、一日がまるで違うものになるんです」

僕がこういった話をすると、たいていの人はうなずいてくれます。挨拶の大切さも、いやというくらい聞かされているのでしょう。しかし、実際に気持ちよい挨拶ができているかといえば、答えはノー。挨拶をしてはいても、相手の顔を見なかったり、下を向いて声だけ出していたりします。

理由はおそらく、恥ずかしいからだと思います。「変な人」と言われるのが恥ずかしいし、照れくさい。

しかし、挨拶によって「あなたを気にしていますよ、あなたに関心をもっています」というメッセージが伝わると知れば、そんな照れなど馬鹿馬鹿しくなるはずです。

僕は、どこにいても常に気持ちよい挨拶を心がけています。僕は一番に出社しているので、必ず自分から「おはよう」と声をかけます。

あまり知られていない挨拶のもう一つの効能は、先に声をかけた人が、場の雰囲気をコントロールできること。先に挨拶すると、自分のペースがつくれます。

笑顔、挨拶とステップを踏めば、「話をしよう」という、次の段階のコミュニケーションへと歩みを進めることができます。このチャンスをどう生かすかは、日頃から考えているかどうか、自分の意見をもっているか否かです。

これもアメリカで学んだことですが、同じテーマに関心をもったり、一つのプロジェクトに向き合っていると、必ず「あなたはどう思う?」と意見を求められます。日本のように察してくれる文化はなく、「○○さんと同じです」ですませることも許されません。たとえ同じ意見であっても、「どのように○○さんの意見と同じであるか」を自分の意見としてきちんと述べなくてはならないのです。

日本であっても、ことに仕事では、意見ははっきりあったほうがいいでしょう。

それには日頃から、自分の考えや意見を整理して言語化する訓練をしておくこと。これにも効能がもう一つあり、自分の意見がまとまると、それを誰かに話したいと思うようになり、積極的にコミュニケーションを取るきっかけになります。

観察力とテレパシー

「よく気がつく」だけでは、足りません。

「気が利いている」でも、まだだめです。

「仕事では、まわりが何を求めているか、テレパシーを使ってください」

こう言うと冗談だと思う人もいるようですが、僕にしてみれば大真面目です。

テレパシーの持ち主はそう珍しいものではなく、自分のまわりにもいるはずです。

「さてと」と上司が言っただけで、必要な書類がわかる部下。

レストランの厨房で、シェフに「さてと」と言われただけで、肉切り包丁がいるのか、味を調える塩がいるのかを察し、ほぼ同時に体が動いて瞬時に差し出す料理人。

彼らは、日頃からありとあらゆる状況を、つぶさに観察しています。

そのうえで「この場面なら、これが必要だ」という経験を蓄積します。

しかし、いつも前回と同じパターンのものが必要になるわけではありません。「観察力×経験値」だけで答えを出すのでは、コンピュータに過ぎないということ。

「この場面で、この人はこの状況だから、必要なのはこれじゃないだろうか？」

テレパシーの持ち主は、観察力×経験値に想像力を加え、相手のニーズに応じているのです。

ＳＦ小説に出てくるテレパシーと違い、現実の世界のテレパシーは、ある程度まで訓練可能です。最初のトレーニングは、とにかく観察力を磨くこと。

たとえば職場で、同僚が電話をしているとします。言葉遣いで相手が取引先なのか、新規の顧客なのかは見当がつくでしょう。耳をそばだてていれば名前も出てきますから、誰と話しているかも、すぐにわかります。

話している内容はわからなくても、口調はどうでしょうか?

一生懸命、説明を重ねているなら、何かトラブルが起きて修復しようとしているのかもしれません。日頃から会社の状況を観察していれば、同僚がかかわっているのがどんな仕事で、トラブルが起きうるのはどの案件かも見当がついてきます。

電話をしているときの、しぐさはどうでしょう?

ペンをコードに絡ませたり、パソコンをちらちら見たりしながら話しているなら、たいして重要な電話ではなく、退屈しているのかもしれません。

次のトレーニングは、観察しながら得たデータを蓄積していくことです。

「あっ、あのときの電話はやはり、そういうことだったんだ」という具合に、ある種のパターンを自分の中にストックします。いいことも悪いことも、経験したことを蓄えておけば、それはやがて貴重なデータとなっていきます。

最後の想像力は、素質と言ってもいい部分があるので、トレーニングも高度になってきます。比較的、簡単にできるのは、相手の立場になって考える習慣をつけること。

「自分がこう言ったら、相手はどう受け止めるだろう?」

ほんのちょっとしたことでも、口にする前にワンクッション置き、相手の立場で想像するのです。この言葉で傷つくか、ショックを受けるか、腹を立てるか。

何をするにつけ、最良と最悪の結果をあらかじめ考えておくのも、よいトレーニングです。

「最高にうまくいったとしたら、どこまで望めるだろう?」

「この仕事をやって、最悪の結果が生じたら、どんなことになるだろう?」

あらゆる仕事に取り掛かる前に、まず最良と最悪をセットにしてイメージしておくと、想像力が鍛えられるだけではなく、変化に適応する力が高まります。何があっても動じずにいられるようになります。

また、いささか荒っぽいトレーニングとなりますが、あえて自分を過酷な状況に置くと、想像力は鍛えられます。

僕の話をすれば、八〇年代の終わりのすさんだアメリカで、言葉もわからずにスラム街をさまよっていたことが、自分の想像力を大いに鍛えてくれたと思っています。

親切そうに声をかけてきた相手でも、実は財布を狙っているかもしれません。「コーラを奢るよ」と陽気に振る舞う二人連れは、気を許したとたん、英語がわからないからと馬鹿にして、よからぬ相談を始めるかもしれません。

誰かに頼らなければ、眠る場所すらない。でも、頼る相手を間違えれば命をも落とす。このハードな日々は、僕の想像力を否が応でも鍛えてくれました。

さらに、日本での肉体労働生活では、平気で経歴を偽り、ちょっとしたものを盗み、呼吸をするように自然に嘘をつく人たちとも一緒でした。そんな暮らしも、きつくて効果的なテレパシーのトレーニングだったと今になると思います。

観察し、経験を蓄え、想像力を働かせる。こんな能力が高まれば、仕事のレベルが一段上がります。「よく気がつく優秀な人」よりも、もっと高い視点で働けるようになるのです。

仕事ができない人には、テレパシーはおろか想像力も観察力もありません。そのため、自分のことだけで精一杯になっています。

「上司にこんな提案をしたい！」という思いは、たとえて言えば自分の抱えたボールです。手がふさがっているにせよ、目までふさがっているわけではありません。ちょっと気を利かせれば状況は観察できるはずなのに、自分のことしか見えなくなってしまいます。まわりの様子を知ろうとしないため、「上司は今、さまざまな案件のボールをいくつも抱えて手一杯」……というタイミングで、力一杯、自分のボールを投げてしまいます。

「思いを伝えたい」といかに熱くなっても、相手の手がほかのボールでふさがっているときに投げたのでは、しっかり受け止めてもらえる可能性は低いでしょう。

「提案しても、なかなか受け入れられない」という人は、はたしてテレパシーをつけるトレーニングをしているのか、考えてみてもいいかもしれません。

「そこまで人に気を遣ったり、おもねるのはいやだ」と思う人もいるかもしれませんが、テレパシーは組織の中で個人の領域を守ることにも役立ちます。

仕事のプロジェクトを山登りにたとえてみましょう。グループで列を成して歩いているのですから、みんなと同じ速度で歩きます。「ここは景色がきれいだから、一緒にお弁当を食べよう」というタイミングを合わせ、協調性をもつためにも、みんなのコンディション、山のどの位置を歩いているかといったことを知る必要があります。

また「ちょっとの間だけ自分のペースで歩きたい。一人で先に行きたい」という個人の領域での楽しみも、テレパシーを働かさない限り確保できないものです。

なぜならどのタイミングなら許されるのかは、状況を観察しなければわからないからです。そのうえで、みんなの気持ちを想像してこそ、個人行動は許されます。

テレパシーを身につければ、協調して働けます。さらに鍛えれば、「みんなはいつものペースで働いているけれど、今は自分が先頭を切って走らなければならない」という、人のためになる個人行動すら、こなせるようになってきます。

何より、「今、この人は何を欲しているのか」を知るテレパシーは、消費者を相手にするすべてのビジネスに不可欠な要素でもあります。テレパシーは思いやりとも言えるでしょう。

あえて距離を縮めない

仲良くしすぎないこと。

仕事の人間関係において、これを決して忘れてはなりません。

気持ちよい挨拶をかわし、コミュニケーションを円滑にすることは大切ですし、信頼関係がなくては一緒に何かを成し遂げられません。

しかし、個人的なことを話し合ったり、仕事を離れてまでプライベートな付き合いをし、友だちのように仲良くなる必要は余程のことがない限り必要ないと僕は考えています。なぜなら、仕事とは、一つの目的を成し遂げることだから。

「みんなでやる」といっても、「全員の力」なんてものは存在しません。一人一人の個別の力を合わせて「みんなでやる」のですから、仕事とは本来、個人的なものです。

馴れ合いや、クラブ活動のような仲良しごっこはやめましょう。距離を縮めすぎると、依存し合う関係になります。独立した個人と個人として尊重し合いながら、プロとしての責任と役割を果たしていく。ドライに響くかもしれませんが、これが心地よく成果が出る「みんなでの働き方」です。

「仕事上で何か悩みがあっても、全部一人で解決しろ」

僕はそんなことまで言うつもりはありません。ただし、少なくともまずは自分で考えて、とことん考え抜いていくつかの答えを見つけ、それでも迷っている場合に相談すべきだと思っています。

その悩みはいったいどんな要素で成り立っているのか。問題の根源には何があるのか。自分にできることは何か。

こういったさまざまな仮説を検証したうえで相談してくる人は、アドバイスを生かし、最終的には自分で解決できるでしょう。

一方、「ああ、トラブル発生だ。困った。いやになる」という感情に流され、何一つ考えずに「大変です！　どうすればいいんでしょう」と上司や同僚に尋ねる人は、相手に問題を丸投げしています。アドバイスを求めているのではなく、単に依存しているのです。

厳しく響くかもしれませんが、人と一緒に仕事をするからといって、百パーセント人に頼ってうまくいくことなど、いっさいありません。

誰にももたれかからず、一定の距離を保ち、自分の足できちんと立って、自立歩行すれば自分の力がどのくらいのものなのか見えてきます。

僕は、たとえどんなに小さな仕事でも、責任の所在をはっきりさせておくことにしています。「これは、君の仕事ですよ」と、いわば〝旗〟を立てておくのです。

こうすると、誰のせいで失敗したのか、誰のおかげで素晴らしい結果が出たのかが明確になります。「君のせいだ！　どうするつもりだ」と追及することはありませんが、できれば見たくない自分の欠点や弱み、仕事のリアルな能力を、本人にまざまざと認識してもらいます。かなりシビアな試みではありますが、それを乗り越えてこそ、成長が生まれてきます。

いざ問題が起きた場合、責任の所在がはっきりしていることで対処が迅速になり、トラブルの解決もスムーズになります。

組織の恐ろしい点は、こういった〝旗〟がなくなりがちなこと。

「みんなで行った仕事だから、みんなの責任」

これは一見、美しい考え方のようですが、恐ろしいスローガンでもあります。

失敗した場合は、誰の責任かあいまいになり、成功した場合は、がんばった人も、ただそこにいただけの人も同じ評価。こうした馴れ合いは、個人の成長を妨げる毒にしかならないと僕は感じます。

さらに、成功しても失敗しても、責任の所在があいまいだと、そのプロセスについてみんなできちんと話し合わなくなります。すると学ぶ機会が失われ、チームとしての成長もなくなるのです。

働くうえでの距離を縮めすぎないことは、このように線引きがファジーになりやすい組織の性質を、きゅっと引き締める役割も果たすのではないでしょうか。まずは自立することです。自立とは何かと考えることです。

第四章

仕事のための思考と発想

毎日、自分をアップデート

働く状況はどんどん変わります。スキルを身につけ、何かを学び、自分が一歩前に進んだなら、そのぶんまわりの環境も変わるのです。

山登りでは、ふもとを歩いていたときの景色と、山の中腹まで登ってきたときの景色は変わって当然です。ふもとの歩き方を完璧に身につけたからといって、「自分はもう、山登りのエキスパートだ。この装備、この足運びで万全だ」などと慢心していたら、そのうぬぼれがあだになって事故や遭難もしかねません。

登るにつれ、自然は過酷になります。疲労も出てきますし、違う体の使い方もしなければなりません。つまり、常に新しい登り方に変えていかなければ、山のもっと上まで登り続けることはできないものです。また、かつて山頂まで登った経験があったとしても、別の山に挑戦するなら、再び違う登り方を学んだほうがいいでしょう。

仮に同じ山に何度も登るのだとしても、世の中には日々、よりよい装備やよりよいウエア、新しいルートが生まれています。こうした新たなる情報と知恵を取り入れず、たった一つの自分の方法で登り続けるのは効率が悪いのではないでしょうか。

第一、「自分はもうできる」とうぬぼれて、いつも同じ方法を繰り返すなんて、楽しいとは思えません。

たとえ話をしましたが、仕事はこれとまるで同じだと感じるのです。

常に柔軟に変化し、変化に素直に適応し、新しい自分をつくり出す。そのためには「もう、これで自分は出来上がり」なんてゴールはないと肝に銘じておきましょう。一足飛びにたどり着く成長など、まやかしだと理解しましょう。

毎日歩きながら、毎日新しい歩き方を学び、毎日歩き方を変えていく。シンプルに言えば、毎日、自分をアップデートしていく。そんなイメージです。

思考と発想の繰り返しこそ、自分を知り、さらなる自分にアップデートする一番の方法だと信じています。

何かをするとき、まずはこう考えてみるのが、僕のやり方です。

「本当にこれでいいのだろうか？」

「自分はもしかすると、とんでもない勘違いをしているんじゃないか？」

これを自己否定と断じる人もいるかもしれません。しかし、「自分のやり方は完璧に正しい。これで間違いない」と安心したとたん、成長が止まるどころか、同じ場所を歩き続けることすらままならなくなります。

自分を成長させるには、自信家であってはなりません。むしろちょっと自信がないくらいでちょうどいいと思います。

「この考えで大丈夫なのか？　ほかの方法があるのでは？」

僕は一日に何回も、こうした疑問を自分に投げかけています。疑問について、えんえんと考え続けます。疑問を呈し、その都度、頭から煙が出るほど考える。この思索の繰り返しが、発想の源だとさえ感じています。

だからといって、おそるおそる仕事をしてはいけません。「この方法で行う」と決めたなら、確信をもってそのとおりに行動すべきです。僕が言わんとしているのは、確信をもって行動すると同時に「自分は絶対ではない、自分がいつも正しいことなどありえない」という思いを一抹《いちまつ》、心の片隅に抱いていようという提案なのです。

繰り返し考えることは、何を勉強すべきか迷ったときにも役立ちます。

「このテーマについて、この方法で勉強してください」と指示されなければ勉強できないと思い込んでいる人もいるかもしれません。しかし、僕にしたところで、最初から何を勉強すべきかわかっているわけではないのです。まず、テーマは何でもいいので、ひたすらそれについて考えます。考えると必ず、わからないことがたくさん出てきます。あるところまで考えていくと、「ここから先は、何かを学ばないと進めない」というものが、いくつも浮かんでくるのです。本来、考えるということは、そのつきあたりから先に進むことなのです。もうだめだと思ったところからが考えのスタートなのです。

僕はわからないことを「わからないことリスト」にし、それらについて勉強します。リストはたくさんあるほど楽しいので、どんどん増やし、計画を立てて勉強しています。

勉強の方法として、もう一つ覚えておきたいのは、「どんなささいなことでも馬鹿にしないこと」。若い頃はいろいろなことを馬鹿にします。ちょっと自分よりできない人や、自分の趣味や価値観の範疇に入らない人のことを、徹底的に馬鹿にします。「こんなこともできないのか」あるいは「あんな変な服を着てよく平気だな」といった具合です。

もしかすると、そうすることで自分の存在を確認したいのかもしれませんが、どんなことも馬鹿にしないという姿勢がないと、勉強はできません。

つまるところ、素直な心で考えるのが大切だということです。

行動のエンジンは思索

「考える前にまず行動せよ」とよく言われます。これは、行動力をつけ、実行することの大切さを説いた言葉でしょう。

しかし、行動を起こしたいのなら、まずは考えることだと僕は思います。自分自身、意識的にも、無意識であっても、絶えず考えている性質です。考えて、考えて、脳みそのしわがグッ、グッと内側に収縮していくのがわかるくらいとことん考えていると、気がついたときには自然に行動できています。

思索が行動のエンジンになっている、そんな感じかもしれません。すべての源は思索であり、それさえあれば自動操縦的に体というマシンは動き、実行できてしまう、そんな気すらしています。

絶えず思考するための燃料は、好奇心。

好奇心は行動の源になるだけではなく、発想の源にもなります。「アイデアはどうやって生み出すのですか？」と尋ねられると、とにかく好奇心ありきだと答えています。

「これは何だろう？」

「どうなっているんだろう？」

「これはどういうことなんだろう？」

「この人は何を考えているんだろう？」

「こんなものがあったのか？」

子どものような好奇心があれば、世界のすべてについてあれこれ考えます。考えているうちに実際に知りたい、触りたい、確かめたい、学びたいとなり、人に会いに行く、何かを見に行く、調べに行くといった行動につながります。

あれこれ考えたときの自分なりの仮説がアイデアにもなり、実際に見聞きしたものとあわせてもっと考えると、発想が果てしなく広がっていきます。

いつも気をつけたいと思うのは、好奇心を殺してしまうこと。

「忙しいんだから、そんなこと、わざわざ調べなくてもいい」、あるいは「どうせたいしたことじゃないのに、面倒くさい」といった後ろ向きの気持ちをもっていると、好奇心はたやすく枯れてしまいます。自分で自分の好奇心を握りつぶしてしまうのです。

しかし、好奇心がなければ学べない、発想も広がらないと知れば、「忙しい、面倒くさい」といったお決まりの言い訳がいかに恐ろしいかが理解できるでしょう。この二つの言葉は、口にしたとたん、すべてがだめになるほど危険な毒だと僕は自分に言い聞かせています。

実際に行動してから思索することで、さらなるアイデアを生み出すこともできます。そのきっかけは、困難にぶつかることです。

どんな仕事であろうと、やってみて万事が思いどおりスムーズに運ぶことは、まずありません。予想以上に難しかったり、予定が変更になったり、できると思ったことができなかったり、想定した段取りではできなかったりします。

こうして困ったときが、実は大いなるチャンス。

何もかもうまくいくより、得るものはよほど多いのです。

なぜなら、困ればどんな人も、「どうしよう」と考えます。「何とかせねば」と工夫をします。

たとえ自分が考えることが苦手であっても、困ったときには、否が応でも考えざるをえなくなるのです。

工夫とはアイデアに近いもので、そこから発明が生まれます。自分なりに考え、勉強し、行動したうえで導き出した工夫は、第一次情報だと思うのです。それはどんなに優れたマニュアルから学んだものより、はるかに価値があるはずです。

実際に考えてみれば、思考の力というのは、自分で考えているよりもはるかに強烈だと実感できるでしょう。

頭の中に白い画用紙を置く

「ながら」というのは、実に愚かなやり方だと思います。

何事においても、一石二鳥などありません。「ながら」は充実しているようにも、時間を上手に使っているようにも感じられますが、それは錯覚であり、まやかしの楽しさです。

ことに「考える、勉強する」という大切な行為であれば、音楽を聴きながら、あるいは電車の中で行うのは、根本的な間違いではなかろうかという気すらします。

本当に大切で本質的なことは、効率を追求するような安易な構えでは、決して手に入れられません。考えることも、本当に大切で本質的なこと。何かをしながらできるような軽い行為ではないのです。

考えるとは、スポーツのトレーニングと同じような集中力を求められるアクションであり、自分に立ち返るための、価値ある行為でもあります。

一日に最低一時間、僕は必ず「考える時間・勉強する時間」を確保しています。人はたいてい、世の中のあれこれに絶え間なくさらされています。普段はなかなかまわりからの雑多な影響を遮断できないので、考える環境づくりという見地でも、定期的に一人になるといいでしょう。

時間帯は固定でなく、その日のスケジュールを見て「このアポとアポの間に一時間取れるな」という具合に決めます。忙しければ帰宅してからの時間をあてています。この方法なら、たいていの人が時間を確保できるのではないでしょうか。

考える、思索するとは、簡単なようで難しいものです。

「あれが食べたい……」

「今日は疲れたな」

「そういえば、あの人、どうしているだろう?」

こういったものは、とりとめない想念であって思索ではありません。

思索とは、もっと能動的な行為だと僕はとらえています。だからこそ、考えることは難しいのです。

「三時間、一人になる時間をつくりました。さあ、考えてみよう」となったとき、すぐあれこれ考え出せるという人は、少数派でしょう。

なかなか集中して考えられないときの僕の方法は、静かな部屋で机に向かい、頭の中に一枚の白い画用紙を置くというもの。物理的に紙を使うのではなく、あくまでイメージトレーニングです。

頭の中に真っ白な紙を置いたら、一番先に浮かんだ言葉をそこに書き留めます。その言葉について、あらゆる角度から「何だろう?」「どういう意味だろう?」と深く考えていきます。一つの言葉についてそれをしたら、どんどん言葉が浮かんできます。それらを一つひとつ書き留めていきますが、その際は白い紙に整理していくような意識でイメージします。

バラバラと単語が並んだら、「これとこれが、こうつながって、この点を解決すればスッキリするな」とわかってきたりします。

これを繰り返すうちに、すっと考える癖がついてくる、便利な方法だと思います。

勉強という観点で言えば、仕事中や人と話していて疑問を感じたことをメモしておき、一つひとつ焦らず調べ、学んでいくことにしています。

経済でも語学でも「わからない」という疑問があればそれを小さな紙にメモします。また、新聞を読んでいて、「自分にはここが足りないな」と気がついた分野についてメモすることもあります。

僕は「わからない箱」というものをつくっていて、小さなメモはいったん畳んでそこに放り込み、しばらくしてから取り出します。

出した時点ですでにわかってしまったこと、不要と思われることのメモは捨て、残った疑問やもっと知りたいことについて勉強しています。

「一日一時間半、寝る前に時間をつくって、机に向かって勉強しているんです」

時折、尋ねられるままに僕がこんなことを話すと、半ば呆れたように「受験生みたいですね」と笑う人もいます。実のところ、「これを勉強したい」と思えば計画表すらつくるので、まさに受験生そのものなのです。

疑問について本を読み、わかったことをノートに記し、さらにわからないことがあれば、今度はそれについて調べていく。これは結構しんどいものですが、徹底的に頭にぶち込むほどの覚悟でやるので、自分の深いところまで沁み込んでいきます。基本的にインターネットは使わず、本と自分の頭が道具です。

「本を読むのなら、電車でもできますよ」と言われもしますが、真剣度と集中度が格段に違うので、得るものの質もまったく変わってくるのです。

勉強すれば、わからないことが続々見つかるために、好奇心が枯れることもありません。同時に、勉強すれば、新たにわかることもたくさんあるので、何か仕事をする際も、根拠と自信をもって納得しながらできます。

僕はまだ試している途中にあるのですが、成功している人はおそらく、こうした効果を実感しているのでしょう。

成功の定義はわからないにせよ、自分のスキルを世の中に役立て、それを通じて人を幸せにしている人は、僕が知る限りみな、真摯な勉強家です。人から見える・見えないの違いはありますが、彼らはおしなべて情熱的に勉強をしています。

最後に、ひらめきや直感について付け加えておきましょう。

ひらめきや直感は思索や勉強から生まれることもありますが、また別なところで、降りてきたりします。

たとえば頭を休めるために何も考えず、無心に歩いているときに浮かんできます。歩いていると脳が活性化されるのでしょうか。あるいは日頃から考え、勉強した蓄積が、無意識の中で加工され、ある日突然、ぽんと出てくるようなものかもしれません。

それでも「歩きながらひらめきを得よう」と意図して歩くことはありません。純粋に、ただ頭をからっぽにして歩いたとき、偶然やってくるのがひらめきだと思います。

「考えない散歩」は、思索と勉強の合間にリラックスするためにもおすすめです。

音楽を聴くなどの「ながら」では、単なる散歩になってしまうのは言うまでもありません。

頭の中を可視化する情報カード

自分の頭の中を、具体的かつ客観的に可視化する。

考えるうえでこれほど役立つ方法はありません。僕がそのために用いているのは、ごくシンプルなカード。名刺くらいのサイズのちょっと厚みのある、ただの白い紙です。「情報カード」として市販されています。

使い方は簡単で、頭の中にあるいろいろな考えを、一枚に一つずつ書いていきます。

書いたカードを机に並べてみると、別々に動いている複数の進行状況を把握し、頭の中で、ごちゃごちゃになっている細かな案件を、整理することができます。頭の中身を取り出して、文字どおり可視化できるのです。

「あっ、打ち合わせに必要なものの手配を忘れていた」などといった物理的な抜けにも気がつきます。

頭の中で「何か忘れているのでは、ミスを犯すのでは」と悶々《もんもん》とするとストレスがたまります。ストレスは仕事に集中する際の大きな妨げになりますが、このカードに書くだけで、すっきり解放されるのです。

「特集1を担当している編集者に、もうひと捻《ひね》り付け加えられないか、ちょっとフォローしたほうがいいかもしれない」と新しいアイデアも浮かびます。

何より「ああ、あれもこれもやらなければ。忙しい!」といったとき、その忙しさを解体して、実像をきちんと見据えることもできるため、パニックを防げます。

カードに手で書いていくという点も重要です。文字の大きさや筆圧の強弱で、そのプロジェクトの重要度がわかります。さらに自分の思い入れといった感情まで、手書きであれば「言語化」することができるのです。

頭の中とカード。二つで覚えておけば、安心してプロジェクトを進めていけます。情報カードは会社のデスク、自分の仕事場、自宅の三カ所に置いてあるので、かなり活用しているといえるでしょう。

書いていったん並べてみると、だいたいのことが整理できるので、あまり見直すことはなく、プロジェクトが終われば処分します。

もっとも、あまりにもやることが多いときは、その日一日のタスクを"Things to do"のように一枚のカードに箇条書きにし、胸ポケットに入れておきます。一つ終わると一つチェックするというように使うと、多忙なときには安心です。

この方法は、アメリカで出合いました。裏表にその日やることを書いたカードを胸ポケットに入れておき、チェックしながら作業する人がたくさんいたのです。

僕はある程度時間が経ってしまえば処分してしまいますが、情報カードを取っておけば、仕事の記録や、日記代わりにもなるでしょう。仕事で有効なのはもちろんですが、何となく、もやもやして心がスッキリしないときも、頭の中を可視化する情報カードは役に立ちます。

集中力と継続力

僕があえて言うまでもなく、仕事をしていくうえで不可欠なのは、安定した集中力と継続力です。どちらが抜けても満足できるキャリアは築けませんし、一つに偏りすぎては自分が壊れてしまいます。この二つのバランスを取ることは、「自分を守る働き方」を見つけることだとも思います。

集中力を高めるには、睡眠不足を避け、心身のコンディションを整えておくのが一番。疲れを持ち越さず、働きすぎないことが、集中力を保つ秘訣です。

そのためには「まだがんばれる」と思っても途中でセーブすること。

たとえば、ちょっと無理をすれば一日に五、六回の打ち合わせを詰め込めたとしても、全部に集中するのは難しいものです。仮に集中できたとしても、翌日また同じように繰り返すことはできません。そんな無理をじわじわと積み重ねていったら、継続力が失われてしまいます。ある日突然、空中分解という事態を引き起こしかねません。

集中力、継続力の両方のバランスを取るために、仕事に余白をつくりましょう。働く量を極力自分でコントロールし、「今日は集中して三時間早く終わった」というときは、次の仕事に取り掛からず、そこでおしまいにします。

とはいえ、自分がまだ若く、組織に属しているのであれば、まるっきり自分で仕事をコントロールするのは現実として無理な話です。「仕事にちょっと余白を残しておきたいので、その書類作成はお断りします」などと言えるわけもありません。

それでも方法はあります。断わることはできなくても、調整することは十分に可能です。具体的には仕事を頼まれたら、自分で期限を設定する習慣をつけましょう。

「この書類をつくってもらえないか？」と上司に言われたら、「はい、わかりました」とそのまま引き受けるのではなく、「わかりました。一週間後の今日までにつくって、ご報告します」と自分で締め切りを決めて答えるだけでいいのです。もちろん、ほかの仕事との兼ね合いも考え、自分が無理をせずにできる期限を設定します。

上司はすべての仕事に対して「大至急、明日までにやれ！」と命じているとは限りません。いくばくかの余裕があるケースも案外、多いのです。

もしも急ぎの仕事であれば、「なぜ一週間後なのか？」と上司のほうから尋ねてくるでしょう。そうしたときも慌てず、「今はこの仕事と、この仕事を抱えていまして、優先順位をつけて取り掛かると、今伺った仕事はどうしても一週間後になります」ときちんと説明すればいいだけです。

部下にこのように言われて、腹を立てる上司などいません。むしろ、「自分の仕事内容を把握しているし、効率的に判断し、管理能力がある」と評価される場合が多いと思います。

締め切りを自分で決めることは大原則ですが、そのほかにも細かなエネルギーのロスを防ぐことで、集中力と継続力はキープできます。

その一つが、人の話をよく聞くこと。

仕事にコミュニケーションは欠かせないものですが、そこには必ず話し手と聞き手がいます。両者を比較した場合、圧倒的にエネルギーを消耗するのは話し手です。

極端に言うと、議論を戦わせていたとしても聞き手になるほうが得策です。

たとえば、A案かB案か結論を出すには、まずお互いの共通認識として現状を確認します。それはどちらが話しても同じことなので、相手に話してもらいます。次に相手がA案について主張してきたら、それも黙って聞きます。

聞きながら、A案の中であなたが主張したいB案と相反するポイントだけを抽出し、最後にそこだけに絞って主張すれば、相手に理解してもらえることも可能なのです。

議論ではなく説明を受けているときも、簡単にうなずかないことでより詳しい説明を相手から引き出すことができます。ちょっと首をひねるだけでも「ちゃんと理解してほしい」と思った相手は、たくさん話をしてくれるものです。これはインタビューの定石でもありますが、仕事の場でもかなり役立つものだと思います。

もう一つ日常的なこととして、会議やミーティングなどが長時間にわたり、参加している誰もが集中力と継続力を欠いてくるというケースもあるでしょう。

その際は意図的にトイレに立つなどして、一度、頭を休めましょう。

「何となく、話の流れでこのまま終わってしまうのかな……」と不安に思ったときなど、おざなりな結論を回避する効果もあります。

トイレに行って手だけ洗う、ただ廊下に出るだけでもずいぶん違います。会議の場の雰囲気が変わりますし、席を立っている間に言いたかったこと、聞きたかったことを一人になって改めて考えられます。抜けや漏れがなかったのかの点検さえ、わずか数分間でできてしまうので、大いに活用したいものです。

第五章

時間に追われず、情報に流されず

物理的な準備と精神的な準備

時間に追われるほど、不幸なことはないと思うのです。

しかし、時間の制約なしでできる仕事など、現実としてありません。すべての仕事は時間軸に沿った約束事で成り立つのは、誰もが認めるところでしょう。

出版の仕事の場合、とくにその傾向が顕著かもしれません。決まった刊行日に間に合わせるよう、常に締め切りを意識し、絶えず時間との戦いをせねばなりません。

締め切りが、「○月○日」だとしたら、それは絶対の約束事です。「ちょっと忙しくてできませんでした」「思ったより手間がかかるので、あと数日延ばしてください」などと言い訳をし、約束を破るなど、論外です。

出版に限らず、あらゆる仕事において、締め切りは守るのが常識ではないでしょうか。だからこそ、締め切りとの付き合い方をなおざりにしていると、時間に追われる働き方・暮らし方になってしまいます。

時間の制約の中で、時間に追われることなく、どうやって自分の納得いく仕事ができるかを考えていくと、答えは一つ。時間を追い越してしまえばいいのです。

僕はたいてい、締め切りの遅くとも二、三日前には原稿を渡してしまいます。よほどのことがない限り、約束の時間よりも十五分前には待ち合わせ場所に着いているし、仕事上のさまざまなことも、だいたい期日より先に上げていきます。

せっかちな性格だからというより、これは意識的にしていることです。時間に追われるのではなく、いつも自分が時間を追っていたい。うまくいけば時間を追い越してしまうくらいの覚悟でいます。そうすると、時間に縛られる感覚がいっさいなくなり、逆にリラックスして仕事に集中できるのです。

一緒に働いている人たちにも、同じ感覚を共有してほしいと思っているので、妙な遠慮はしません。「このスケジュールでいかがでしょう？」などと、お伺いを立てることもないのです。編集部員に対してはもちろん、フォトグラファー、デザイナーといった外部の人にも同じようにしています。

なぜなら、相手に負担をかけず、締め切りを確実に守ってもらう方法は、実は単純。スタートを早める、ただそれだけです。

ある仕事を、締め切りの一カ月前にスタートして終わらせる人がいるとしたら、仕事の依頼を一カ月早めて、「この仕事は、締め切りの二カ月前にスタートしてください」というように相談します。一カ月で終わる仕事を二カ月前に始めていれば、急にほかの仕事が入って忙しくなっても、ちょっと体調を崩しても、締め切りは十分守ることができます。質を高める余裕も生まれます。そもそもどんな仕事でも、予期せぬことが起こってあたりまえ。余裕をもったスケジューリングは不可欠と言っていいほどです。

それでも「あまりに早くに始めてしまうと、かえって能率が悪くなります」といった反論が出ます。そんなとき、僕は二種類の準備について話すことにしています。

それは、物理的な準備と心の準備。

物理的な準備というのは、段取り、健康管理、生活リズムを整えること、関係者とのコミュニケーションなどです。下調べやアポイントメント、細かな手配といった業務もここに含まれます。

しかし、締め切りを守るために最も大切なのは心の準備です。もっと短い期限の締め切りであっても、心の準備は大切です。

たとえば大切な企画書を、ある日のお昼から二時間で書き上げるという予定を立てたとします。物理的な準備は手抜かりなく行っておくとして、僕は心の準備を十日ほど前に始めます。

まず心の中で、企画書の期日に向かって足踏みを始めます。

二、三日前からは、人となるべく会わないようにします。人と会い、万一何かトラブルが起きて、精神的に波立つと、コンディションが狂うからです。

逆に相手が優れた人であっても、会うのは避けたいと思います。いくらよいものでも無防備に多大な影響を受けると、自分のエッセンスを込めた仕事に影響が出てしまうときがあります。

当日の机に向かう瞬間に向けて、徐々に外部との接触を遮断していき集中力を高めるイメージです。ですから、たまたま前日に友人から電話があって、食事に行こうと誘われてもきっぱりと断ります。

このように、十日前からずっと、慎重に机に向かうときに向かって足踏みしながら進んでいくと、いざペンを握ったとき、集中力が爆発します。

ここまで入念に準備してこそ、締め切りは守れるし、何より質の高い仕事ができます。いくら資料集めが完璧であっても、仕事に取り掛かる前日に誰かと喧嘩をして気持ちが荒れていたら、いいものを生み出す確率はかなり低くなると思うのです。

僕が心の準備に力を注ぐようになったのは、若い頃の苦い経験によります。「仕事をしているときと、遊んでいるときは別だ。関係ない」と傲慢になって無茶をし、結局は感情に振り回されたり、本来の力を発揮できなかったことがありました。そのくやしさから、自分なりの方法論を身につけた気がします。

時間に追われないために、いかに前倒しの準備、先手を打つかが大切かということは、もうおわかりいただけたと思いますが、準備という名の先手の威力はもっと大きなものです。

仕事に限らず、世の中の出来事は、予測不可能なものが多いのです。出会いであれ、チャンスや幸運であれ、たいてい不意にやってきます。

「運がいい人と悪い人」という表現がありますが、突然、運がめぐってきたそのとき、ぱっとつかめるか否かは、日頃から準備をしているかどうかで決まるのではないでしょうか。

いつ代打を命じられてもヒットが打てる補欠選手のごとく、日頃から素振りをしておく。準備にはこうした意味合いも含まれています。

物理的にも、心でも、「準備しておくことの大切さ」を気持ちの端っこに留めておこうと僕は考えています。

仕事の本質のほとんどが、準備という行いと知りましょう。

規則正しいスケジューリング

日々の生活の仕方、考え方、自分のルールを守っていくことは、いい仕事をし、チャンスを生かすための絶対条件だと思います。だからこそ、規則正しい生活を送り、ルーティンを大切にする必要性を痛感しています。

僕がこう言うと、よく知らない人は不思議そうな顔をします。おそらく旅をしたり、一人の時間を確保したりというのが、一見、気ままで自由な時間の使い方のように感じるのでしょう。しかしそれはまったくの誤解で、一人のひとときを捻出するために、日頃はかなり規則正しい生活をしています。

別の言い方をすれば、新しいものに触れ、自分に立ち返るための旅もまた、僕にとっては欠くことのできないルーティンなので、最初からそれを含めたスケジューリングをしているのですスケジュールの単位は六カ月、一カ月、一週間、一日。「半年先までの風景はだいたい見えている」という前提で、逆算するように決めていきます。

起床は朝の五時。目覚まし時計を使ったことがなく、自然に目が覚めます。長年、五時に起きているので、体内時計がセットされているのかもしれません。休日も原則として、同じ時間に起きています。

出社は八時と決めています。編集部員の定時である九時十五分までの時間は、一日を見渡し、集中力を高めるためのひとときです。

まずはハンドクリームで手と指の手入れ。

硬くなった皮膚や関節をほぐし、ハーブのアロマで気分を整えます。煙草やお酒といった嗜好品をたしなまない僕にとって、香りはリラックスや気分転換、集中のために欠かせない小道具です。

次は、前章で紹介した情報カードの確認。

進行状況を把握し、変更点があれば書き換えます。カードを机に並べることで、今かかわっている仕事を可視化すると、一日の手順、どこに力を入れるべきかということがわかってきます。

その後は、手紙を書く時間。

僕は人にあまり会わず、電話やメールも最小限にしているので、手紙が一番のコミュニケーションツールです。心を込めて御礼状や依頼状を書くには、やはり一人の時間をあてるのがふさわしいと考えています。

その後、部員たちが出社してきますが、午前中はパソコンを立ち上げないと決めています。できる限り、外と接することなく自分の仕事に集中するためです。

午後は打ち合わせ、取材、執筆など、人と接する時間にあてています。

午前と午後をくっきり区分けすることで、それぞれに対して百パーセント向き合えるように思います。『暮しの手帖』では基本的に残業はしませんが、丹念に予定を守れば、時間どおりに終わらない仕事はなくなるものです。

毎日のスケジュールで気をつけていることは二つあります。

一つ目は、人との予定だけではなく、自分の予定もきっちり書き込むこと。手帳には、自分のためのアポイントメントも明記します。"Things to Do"のメモには、個人的なやるべきことも含めて箇条書きにして、仕事と暮らしの両方をはっきりさせるのです。

二つ目は、ときどき意識的に立ち止まること。

スケジュールをつくり、予定をきっちりこなしていこうとすると、いつの間にか目的を忘れ、スピード優先になってしまいます。前倒しで締め切りを守ることは大切ですが、急ぐだけになるとプロセスを味わうゆとりがなくなり、クオリティに問題が出てくる可能性があります。

順調に進んでいればいるほど、僕は一日に何回も立ち止まります。人の指示、時間に流されていないか？　たとえ自分が決めたスケジュールであっても、それにとらわれていないか？　いったん手を止めて、このように自問するのです。

イメージで言えば、まわりが見えないほど大勢の人が同じ道を歩いていたら、いくら慣れた場所であっても、人波に流される危険があります。大勢の人と一緒に、彼らの影響を受けながら仕事をしていく状態は、これとよく似ているのです。

流されるままに働いていると、本当にやりたいことはできなくなります。だからこそ、ときどき立ち止まって、じっくり考える時間を、一日に何度も何度もつくることです。

名刺も書類も頭にしまう

名刺交換はそれほど重要ではない。僕はそんなふうに考えています。

名刺がなくても仕事はできます。名刺を渡さないと忘れられてしまうなら、「自分はそれだけの人間だ」と思います。

気持ちよく挨拶し、自己紹介をし、必要であれば連絡先を交換する。これだけで十分、こと足ります。

どうしても自分をアピールしたいなら、名刺に頼らずにどうアピールするかを、自分らしく考えればいいのです。そのほうが、際立った存在として覚えてもらえる可能性もあります。

名刺交換という形式に頼って人間らしいやり取りが失われてしまうなら、本末転倒ではないでしょうか。「きちんとコミットするのだ」という決意で一歩前に出るためには、名刺は不完全な道具です。

「一回握手をしたほうが、得られる情報は名刺交換よりよほど多い」

僕はしばしば、こう感じます。手の大きさ、やわらかさ、温度、そのときの表情。人間としての一次情報がインプットされるのは、たぶん相手にとっても同じです。自分の中にその人の存在が、ぐっと入ってくるのです。

それでも現実問題として名刺をいただくことも多いのですが、連絡先のメモとして使うには便利です。

たとえば、あるプロジェクトを一緒に行う人の名刺であれば、企画書なり提案書なりに貼っておくと、連絡したいときすぐに電話やメールができます。その仕事が終われば付き合いも終わりますから、名刺はペーパーと一緒に処分するので、たまることはありません。

長く付き合っていく人の名刺の場合、ホルダーなどで整理することはなく、住所録に連絡先を書き写します。なかなか捨てにくいので箱に重ねてしまっておきますが、その後、名刺を見返すことはありません。

名刺に限らず、道具を少なくすればするほど、仕事との関係性は深まると思います。

僕の机の上には、書類はいっさいありません。進行中のプロジェクトについてはファイリングをもっていますが、それだって必要最小限です。

なぜなら、ペーパーは常に変化していきます。

『暮しの手帖』の春の特集の企画書があったとして、それについて何人かで話し合えば当然、変更が加えられます。この時点で、元データは価値がないものになります。一番大切なのは最終形であり、プロセスは絶えず変化しているので、資料などを保管していても意味がないし、残しておいてもキリがないのです。パソコン上に保存することもいっさいありません。

僕は蔵書も極端に少ないのですが、本にせよ仕事の書類にせよ、必要なものは頭の中の引き出しにしまっておくくらいでちょうどいいと思っています。

さらに言えば、自分の頭にもキャパシティがありますから、それを超えて詰め込むことは避けます。一つ入れたら、一つ捨てる。頭についても「モノ」と同じこのルールを適用しているのです。

いつもすっきり整理整頓されている状態が、よき発想、よき仕事には欠かせないということかもしれません。

ミニマムな仕事道具

必要最小限に絞ったうえで、なくてはならない僕の仕事道具はまず、手帳とペン。

手帳には、アドレス帳、原稿執筆用のノート、"Things to do"のリフィールが入っています。

この"Things to do"のリフィールが一番重要なフォーマットで、スケジュール、カレンダーなどすべてを網羅したリストになっています。やるべきことの内容と日付を入れておけば、こと足ります。

手帳のほかに、小さなメモ帳も持ち歩き、思いついたことやちょっとしたメモを書き留めます。手帳のノートが文章を書くためのものなら、小さなメモ帳は単語を書き留めておくためといった棲み分けです。

メモ帳は、二カ月に一冊くらいのペースで使い切るので、メーカーなどにこだわりはなく、あれこれ使います。

ペンはごく普通のボールペンが基本。そのほかペンケースには、修整ペン、印鑑、シャープペン、署名に使う7色色鉛筆・レインボーペンシルが入っています。

長年愛用のシャープペンは、芯が鉛筆と同じくらい太く書きやすいものです。青山にあるバー「RADiO」の刻印がありますが、かれこれ二十五年ほど前のノベルティ。

「RADiO」は、僕が若い頃にはじめて大人の世界に触れ、人との付き合い方や礼儀作法をいろいろな人に教えてもらった場です。そうした思い出も宿したシャープペンなので、一部ひびが入っていたりしますが、今も大切な宝物です。

シャープペンなのに鉛筆の書き心地を味わえるので、これからも使い続けていくつもりです。

レインボーペンシルは、角度によっていろいろな色の文字が出てくる楽しいもの。黒や青でサインをしなければならないという決まりはないと思うし、たとえ下手でも文字にニュアンスが出て、見た目もきれいです。

日本では扱いがないようなので、サンフランシスコに行くたび、MOMAのミュージアムショップでまとめ買いしてきます。

校正に使う赤ペンや、手紙を書くためのペリカンの万年筆は、仕事場や編集部に置いてあり、あまり持ち歩きません。情報カードもデスクに常備する使い方です。

カメラはライカを使いますが、これは趣味に近く、手帳とペンのほかの仕事道具は、仕事用の携帯電話とアロマグッズになります。

前述したとおり、アロマは僕の唯一の嗜好品であり、ストレスを発散し、集中力を高めるために欠かせない小道具です。そのためハンドクリームを常備しています。

これらをまとめて、バッグに入れると、僕の仕事道具は万端に揃っていることになります。

ノートパソコンなど持ち歩かないし、電話をかけてもほとんど出ないとみんな知っているので、携帯もほとんど鳴りません。急用のためにもっている感じです。

できる限り身軽に、最小限の仕事道具で過ごそうと、いつも心がけているのです。

パソコンより頭と手を使う

出社してすぐ、パソコンを立ち上げる。どこの会社でもあたりまえの光景かもしれませんが、僕は不思議でなりません。帰宅しても、ただちに家のパソコンの電源を入れるという人もいて、驚くばかりです。

「いったい、その箱に何が入っているんだ？」と、尋ねたくなるほどです。

僕もメールはしますし、データのやり取りにパソコンは便利だと感じます。とくに海外とのやり取りにはメリットも多いと感じます。

しかしパソコンに頼ることのデメリットも、きちんとわきまえておいたほうがよいのではないでしょうか。

パソコンの主な用途は、インターネット、メール、文書作成という人が多いと思います。インターネットは便利ですが、自分の目で見て確かめるという意味で、あまり価値がない情報だというのが僕の認識です。

メールは便利なツールですが、そこでのコミュニケーションより会って話したほうが、はるかに深いつながりとなります。相手の雰囲気、顔色、声のトーン、メールでは把握できない情報は、僕たちが思っているよりもたくさんあります。

だから僕は、なるべくメールを送りません。そうすると、不要なメールがたくさん来ることもないので、メールチェックに毎日時間を取られるといった事態は回避できます。メールのやり取りをする時間があるなら、たとえ一通でも心を込めた手紙を万年筆でしたためるほうが、仕事の質も人とのつながりもあたたかいものになっていくと信じているのです。

パソコンやＩＴツールのデメリットとしては、自分の頭で考えなくなることも挙げられます。

「入力」と「書く」ことは、根本的にまったく違う行為です。パソコンに入力するときというのは、実はあまり頭を使っていないのではないでしょうか。深く考えなくても文章ができてしまうので、書いたことが記憶に残らないのです。そのため結局、プリントアウトしたりしてペーパーに頼らざるをえなくなります。

これに対して手で書くという行為は、頭や心で考えることとつながっていきます。文章にしてもメモにしても、頭と手と指が覚えているので、後で書いたものを見直さなくてもいいほど、意識の中に刷り込まれます。

僕が手書きのメモを活用しているのは、後から見返すためというより、頭の中に入れてしまいたいからです。時折、以前のメモをぱらぱらめくったりはしますが、じっくり見るのではなく、頭の中に整理してある情報のインデックスにしています。

さらに注意したほうがいいのは、情報に対して受け身になることでしょう。

メールにせよ、インターネットにせよ、そこで得られる情報は、じっと座ったままで受け取る情報です。自分が何か行動して獲得するものではありません。よい情報というのは、受け取るのではなく自分が取りに行かなければ入手できないものではないでしょうか。僕は情報とは経験でしかないと思っています。

二次、三次情報を大真面目に信じるなど、意味がないと思うのです。

仮に僕がネット上に、どこかの土地についての情報を書いたとしても、それはあくまで僕がそのときに見て、そのときに感じた情報であり、信頼に値するかどうかは別のものだと思います。それなら、自分自身で見て感じた一次情報だけを大切にしたほうが、よほど真実に近づける気がします。

こう考えていくと、パソコンは必要不可欠という〝常識〟も、いったん疑ってみてもいいのです。忘れてしまったパスワードを思い出すのに四苦八苦するより、小さなメモをぱっと開いたほうが効率もいいはずだと感じています。

パソコンのデメリットを記しましたが、念のため付け加えておくと、僕は新しいものを否定するつもりは毛頭ありません。ＩＴに限らず、むしろ新しい情報は新しい情報として、知っておかねばならないと思っています。

僕はGmailもスカイプも使いませんが、新しいソフトが出た、あるいは「バージョンアップしたソフトをインストールするとこう変わる」といった最新情報はなるべく知るように努め、できる限り経験しておこうと思っています。

世の中の流れがどうなっているのか、一つの機能の登場によって仕事の環境がどう変わるかを知っておくのは、プロとして必要なことです。また、新しい機能の便利さを知れば、感動します。

「ああすごいな、こんなこともできるのか」と確認した後、「これは、自分のスケールに合った機能だろうか？　本当に自分の仕事に必要だろうか？」とじっくり考え、最終的に使わないという選択をしているだけです。

フォトグラファーと話をしていると、決まってデジタルか、ネガフィルムかという話題が出ます。僕自身はネガフィルムが好きで、同じようにデジタルは苦手だという人もたくさんいますが、一方で、ネガフィルムへのこだわりは捨てて、デジタルに切り替えていい仕事をしているという人もいます。

しかし、断然ネガフィルム派というフォトグラファーに、デジタルの性能や最新型のカメラの機能を聞くと、「知らない」と答えて平気な人が多いのです。その時点で、僕はそのフォトグラファーをプロとして信用できなくなります。

ネガフィルムを選ぶかデジタルを選ぶかは、人それぞれの道ですが、フォトグラファーという職業の目的は「写真を撮ること」です。ネガフィルムもデジタルも、同じ目的地にたどり着くプロセスと言えます。

片方の道にまるで興味をもたず、どのように変化しているかを知らず、知ろうと努力していない人は、プロの風上にも置けないと僕は思います。壁をつくって自己完結をしている人は、学んでいない人だと。

本当のプロフェッショナルであれば、最先端のデジタルカメラについても熟知しており、そのうえで「でも、僕はやはりネガフィルムを選ぶ」という姿勢が正しいのではないでしょうか。

ITツールの勉強にはエネルギーを要するので、理解できるとうれしくなり、つい何の考えもなしに「では、さっそくこれを使おう！」という短絡的な選択をしてしまいます。これにはくれぐれも注意すべきだと思います。

しかし知ったうえで「使う・使わない」という選択肢をじっくり考えれば、仮に使わなかったにせよ、それまでよりも進化したプロセスを歩めるでしょう。

パソコンに取り込まれない第一歩は、無意識に電源を入れる習慣を捨て去ること。

まず、頭と手を徹底的に使い、補助的に必要になったら、ハサミやホチキスや電卓と同じような感覚でその都度パソコンを使う。こんな癖をつけるだけで、ずいぶん違ってくると思います。

いらない情報は遮断する

情報は、なるべく遮断していく。これが僕なりの「情報術」です。いろいろなことを知りたいとは思いますが、やみくもに何もかも知りたいとは思いません。

電車に乗っても中吊り広告の見出しが躍り、自分では見ないつもりでも、家族がつけたテレビから情報が入ってきます。人の話も、ためになるものから噂話といった俗っぽいものまで、絶え間なく耳に入ります。

こうした情報をある程度ブロックしていかないと、振り回され、自分の軸がぶれてしまいます。また、この手の情報はいくらインプットしたところで、役に立つものはほとんどないのです。

インターネットやテレビはあまり見ませんが、新聞はごく一般的に、朝日・読売・日経を購読しています。

「情報を遮断するといっても、三紙も読んでいるんですか」と言われることもありますが、実のところあまり読んではいません。読むというより、むしろ「見る」。ぱっと開いたときの見出しの強弱や位置を、眺めているという感覚です。

「今日はこのニュースが大きいな」と思いはしますが、それが自分にとって興味のないものなら内容は読みません。犯罪にしても政界の動きにしても、どこまで本当か疑わしいことに夢中になっても仕方ないと思うのです。

新聞は、一枚の絵のように眺めたときの強弱から、「自分が知らない、わからないこと」を見つけ出すきっかけづくりに利用しています。

たとえば、「ドバイショックの背景はどういうことだろう?」というきっかけを得て、中東の歴史についての自分の好奇心を動かしていくといった具合です。

また、一見してわからない単語はメモしておき、前述した「わからない箱」に入れて、いずれ勉強する際の材料にしています。

雑誌で言えば、『クーリエ・ジャポン』『ニューズウィーク日本版』など、客観的な情報が単に並べてあるようなものを、自分の興味のきっかけづくりとして読んでいます。

書籍は新刊、古書といろいろ買いますが、主に新聞や雑誌でピックアップしたわからないことを勉強するためです。本に書いてあるからといって鵜呑みにすることはありません。本を読むことで、自分の知りたいことにほんの少し近づけますが、その本の中にも疑わしいこと、あるいはわからないことが出てくるので、さらにまた本を読むという繰り返しです。

僕はかねてエジプトに興味をもっており、紀元前三〇〇年にプトレマイオス一世がつくったアレクサンドリア図書館について調べています。『よむ花椿』という雑誌にその時代をテーマにした小説を連載しましたが、はるか昔に焼失してしまった幻の図書館だけあって、わからないことがたくさんあります。

アレクサンドリア図書館について調べ、ありとあらゆる本を読んでいると、僕から見ても明らかに間違ったことが書かれているものもあり、はっとします。一冊ではわからなくても、何冊も読んでいけば矛盾点が浮かび上がってきます。その中から本当のことを探り当てるのは、何とも遠大ですが、たまらない愉悦を感じる勉強です。

本についても、正しくない情報を捨てていく作業は必要ということでしょう。

ある程度遮断し、取捨選択しながらインプットした情報は、循環させることが大切です。せっかく自分の中に入れても、使わなかったらもったいない。情報のストックなど実は不可能であり、アウトプットを考えずに取り入れた情報は、結局、死蔵するだけになると思うのです。

使われずに置きっぱなしになった情報は、その期間が長ければ長いほど、価値が減っていく気すらします。前述しましたが、情報とは経験であるからです。

僕の場合、情報のアウトプット方法の一つは執筆ですが、もっと日常的に行っているのは人と話すことです。「この情報はあの人に役に立つな」と感じたら、会社の人でも取引先でも友人でも、すぐに話します。

僕が情報を伝えた人が、違うかたちでその情報を役立てれば、それは新たな情報になります。新たな情報がまた別の人に伝わり、その人がまた役立てれば、さらに新たな情報ができます。これを無限に繰り返していれば、いずれ世界をめぐりめぐって、再び自分に新鮮な情報が入ってくると思うのです。

こう考えていくと、たった一つであっても自分が確かめた情報をどんどんアウトプットすれば、常に必要かつ上質な情報に満たされることができます。

第六章

自分のキャリアをデザインする

チャレンジと賭けを間違えない

キャリアについて考えたとき、目標があって、それをひたすら追求していくイメージを抱く人もいるかもしれません。しかし肝心なのはたどり着くまでの道のり、すなわちプロセスにあります。

「いつかこんな仕事ができるようになりたい」

「こんな働き方がしたい」

もしも自分に強い思いがあるなら、結果で一喜一憂する癖は、早めに捨てたほうがいいのです。

仕事の楽しみは、面倒くさいと思うところにあります。

なぜなら、「仕事の楽しみ＝結果」と定義してしまえば、常によい結果だけを求めねばならず、そんなことは不可能です。

しかしプロセスを楽しむ姿勢があれば、その仕事がうまくいってもいかなくても、ゴールにたどり着くまでの過程で、必ず何かしらの学びと発見があります。

結果はもちろん大切ですが、基本はプロセスを丁寧にたどっていくこと。この繰り返しこそ成長であり、長い目で見て本物のキャリア構築となります。

スピードに走り、利便性だけを追求して小さな成果ばかりを求めていたら、十年経って振り返ったとき、手にしているものは案外わずかだったりします。

「短い時間で成果を出したい」

「手間をかけず、面倒なことは省略したい」

こういった焦りモードの仕事の何よりあやうい点は、チャレンジできなくなることです。面倒なことをせず、手っ取り早く結果を出そうとしてばかりいると、自分にとってはごく簡単で、絶対に失敗しないような仕事ばかり選ぶようになります。

そもそも仕事には安全なものとチャレンジの二種類があり、僕の考えでは、チャレンジがない仕事ほど面白くないものはありません。

チャレンジとは思い切って高いところから飛び降りるような勇気がいる仕事。失敗するか成功するかは五分五分、下手をすれば失敗の確率のほうが高いような仕事に、果敢に挑んでいくこと。

キャリアを築くにはチャレンジも不可欠であり、そのためには面倒なことも、苦い失敗も甘んじて受け入れねばなりません。

こぢんまりとまとまり、今の仕事の繰り返しを永遠に続けたいのでない限り、大いにチャレンジしようではありませんか。少なくとも僕は、チャレンジを続ける勇気をもちたい、いくつになっても挑戦したいと願い、そのための努力もしているつもりです。

一つ補足しておきたいのは、チャレンジと賭けとの違いです。

「チャレンジとは、思い切って高いところから飛び降りるようなこと」と書きましたが、目をつぶって運に任せるわけではありません。何かを完成させるには、勇気と行動だけでは到底無理です。失敗、成功にかかわらず、ものごとを成し遂げるためには冷静な判断力と理念と緻密な準備が必要です。

「自分の実力はこの程度で、目標の高さから言って、成功率は五分五分だ」という判断があったうえで、思い切って飛ぶのがチャレンジ。

「よくわからないけど、運に任せてやってみよう！」と何ら現実を把握していないのにジャンプしてしまうのが賭け。

チャレンジするには、飛ぼうとする自分の頼もしいジャンプ台となってくれる「学びと思索」が必要です。日頃からこつこつ勉強し、考え抜いてこそ、思い切った挑戦ができるのです。チャレンジとは、自分が主体となった一つの行動だと言えます。

賭けにはそういったものが一切なく、責任放棄とすら感じます。

自分自身を投げ出し、運にすべてを任せてしまうので、仮に成功してもその人の成長にはつながりません。失敗したとすれば、「運が悪かった」あるいは「悪いのは自分じゃない」といった言い訳しか生まれないでしょう。

「やってみなければ、わからない」と安易に口にする人がいますが、僕はこれをよしとしません。仕事の基本とは、成功の確率を把握した案件を、集中して遂行することです。一見、勘だけでトライして成功させているような天才肌の人は、ある種の確信犯だと思います。

チャレンジは、その成功の確率が「五分五分かな?」あるいは「失敗の確率は高いけれど、この点を勉強すれば何とかなるかな?」という見込みをもってすることです。

チャレンジして失敗するのはかまいませんが、賭けで大きな失敗をするほど大きなダメージはないと、覚えておきましょう。チャレンジの失敗はよい経験となって、それは自分にとってのよい情報になるのですから。

生涯のお守りになるルール

「毎日」という小さい点が、ふと気がつくと「キャリア」という一本の線になっている。僕はそんなイメージをもっています。だからこそ、仕事を長く続けていくことが大切ですし、そのうえでのルールは、シンプルなほうがいいのです。

僕の大原則は、「正直、親切」。これを自分のお守りとして心に抱いています。

そのほかにも、ときどき思い出したいルールがいくつかありますので、紹介しておきましょう。

一つは、飾らないこと。

必要以上に自分を大きく見せたり、知ったかぶりをしたりすると、何も学ぶことができなくなります。逆に、素直な気持ちで「教えてください」と向かっていけば、たいていの人は応じてくれます。飾らなければ、一生勉強ができます。

一つは、真似て学ぶこと。

学ぶとはまた、真似ることだと、作家の立松和平さんに伺いました。立松さんは、道元禅師の研究をなさっていました。道元は高僧として尊敬されており、多くのお坊さんは、道元の真似をしています。ところが、その道元にしても、お釈迦さまの真似をしているに過ぎないと立松さんは言うのです。

赤ちゃんは生まれてから言葉を学ぶと言いますが、最初はお母さんの話すことを真似ることから始めます。「学ぶ」の語源は「真似る」。

装飾のない、まっさらなキャンバスのような自分でいれば、「この人はすごい」と感じた相手のいいところを、どんどん真似ていけるでしょう。それがやがて、自分の学びとなるでしょう。

一つは、嘘をつかないこと。

これは自分に対しては、肝に銘じておかねばならないことです。しかし、だからといって他人の嘘を責めてはいけません。小さな嘘に気がついて暴き立てたところで、得られるものは何もないのです。嘘に対する接し方は、自分の嘘と他人の嘘とで違うものなのだと割り切ると、仕事上でのいざこざが格段に減ります。

一つは、約束を守ること。

どんなに小さな約束でもきちんと守る。これが、ずっと仕事を続けていくうえでのかけがえのない財産、信用につながります。

信用というのは、すぐに築くことはできません。小さなパーツを無数に重ね、ようやくできるものです。締め切りを守るのも約束です。「今度、お茶でも飲みましょう」という言葉を社交辞令で口にせず、誘ったなら本当にお茶を飲みに行くのも約束です。

一つは、自立すること。

組織に属していても、フリーランスでも同じです。インディペンデントな働き方をしたいのであれば、人に依存せず、頼らないこと。

それには、まず自分で考えることが何よりの方法だと思います。繰り返し考え、繰り返し自問し、答えは常に自分で探す。このサイクルを続けていくうちに、行動は自然と後からついてきます。

一つは、欲張らないこと。

編集の仕事をしていると、「あれも見せたい、これも伝えたい」と、ついつい盛りだくさんに欲張る人がいます。しかしそれはつくり手のわがままや押し付けであり、読者には通用しないと僕は言います。なぜなら、いろいろあって充実しているように見えるのは、錯覚だから。あまりにも品数が多い料理と同じで、「たくさん食べたけれど、いったい何を食べたかわからない」としか受け取り手は感じないのです。

欲張ると、本当に言いたいこと、本当に伝えたいことは伝わりません。シンプルに働き、シンプルに伝える。欲張らないとは、仕事のすべてに通じることだと思います。何事もあれもこれもではなく、一つにすること。

一つは、心を込めること。

どんな仕事をする場合でも、生涯にわたって必要なこと。自分のもっているすべてのスキルを利用して一番おいしいお茶を淹れるには、心を込めるしかありません。お茶は簡単に淹れられますが、心を込めて淹れたお茶と、ただ淹れたお茶は味が違います。同じように、心を込めてした仕事と、ただこなした仕事は質が変わってくるのです。

流されたら理念に戻る

働きながら、大いに不安になったほうがいいと僕は考えます。

「このやり方で、いいのだろうか?」

「目指す方向に、少しは進んでいるのだろうか?」

「進むべき道を、間違えたのではなかろうか?」

戸惑い、疑い、不安。

こうした感情を抱かずに、一直線にキャリアを進むほど恐ろしいことはないとすら、感じるのです。大いに不安になり、迷いましょう。なぜなら、そうしてこそ流されずに、自分らしく働き続けていけるからです。

会社などでプロジェクトに携わっているイメージで考えると、わかりやすいと思います。

プロジェクトは日々、複雑な事柄が絡まり合って進行していきます。利害関係、人間関係、お金、時間、価値観、クオリティ。ただでさえ複雑なのに、状況によってこれらはめまぐるしく変化します。

「じっくり進めていこう」と始まったはずが、突発事項の連続で遅れてしまい、「でも、期日までに何とか間に合わせよう、急がなければ！」と進行スタイルが変わることもあります。

「今までにない、新しい製品をつくろう」と誓い合ったはずが、売上目標とのせめぎ合いで、「まるで好きにはなれないけれど手堅く売れる製品づくり」へと、戦略が変わることもあります。

ものごとは、最初に思ったとおりに運ばなくてあたりまえです。その都度その都度、具体的な方法、戦略、方針は変わっていきます。ころころ変更になる目先の戦略にフォーカスし、ひたすらまっすぐ進んでいると、いつの間にか状況に流されるケースが、仕事の場合、ことに多いのです。根源にある会社の理念、何より自分の理念から外れてしまうことも、残念ながらよくある話です。

普通にしていたら流されてしまう、だからこそ不安になりましょう。勇気を出して立ち止まり、自分の理念に立ち返りましょう。

たとえどんな状況であっても、自分の理念から外れていたら、損失を甘んじて受け入れて軌道修正する。仕事にはときとして妥協しなければならないこともありますが、理念については、決して妥協してはなりません。

これだけは、絶対に忘れたくない勇気と矜持だと思います。

たとえ理念から外れようと、「結果オーライ」という風潮もあります。とくに経済的に不安な時代には、数字の目標は最もクローズアップされやすく、

「売上的に成功したから、結局よかったじゃないか」といった論がまかり通ります。

しかし、たとえ結果がよくても、プロジェクト自体は理念から外れているとき、その仕事にかかわった全員が必ず後悔します。

「みんなで、これでよしと決めたことだし、数字も出たけれど、やっぱり理念から外れたことをして、いいことなど一つもない」と心の底が疼くのです。いつの間にかそのプロジェクトがあったこと自体を、みんなが忘れようとしていたりします。

そもそも、「売上のために妥協し、理念から外れたけれど数字は出た」というケースはまれです。ほとんどの場合、売上のために妥協し、理念から外れたにもかかわらず、数字も出ないし失敗に終わるのです。

劇的な出来事が起こり、ある日突然、自分の理念に反することをしなければならない。こんな事態は滅多に起こりません。理念は静かに侵食されていきます。

「忙しくて」と走り続ける毎日。

「わかっているけど仕方ない」という言い訳。

「瀬戸際だから、そんなのんきなことを言っている場合じゃない」という開き直り。

こうした小さな砂粒が積もり積もって、理念をなし崩しにしてしまいます。

たとえ何があろうと、自分の理念を守り続ける。これはすごく大変であり大切であり、人間として上質なことです。

だからときどき不安になって、自分の理念の息遣いを確認しながら、じっくり歩いていくのがいいと思うのです。迷子にならないように。

いやな仕事の変換法

「偶然の出会いで、その仕事を始めた」

何かを成し遂げた人に話を聞いたら、ほとんどの人が、こう答えるのではないでしょうか。

少なくとも、「最初から、これこそ自分が得意で好きな仕事だ」と思い定めた職にそのまま就き、最後まで極めたという人は、ごく限られていると思います。せいぜいごく一部のプロアスリートや芸術家といった人たちでしょう。

多くの場合、なりゆきでたまたま始めた仕事でも、やってみたら何かしらの発見があり、だんだん好きになっていくというプロセスのほうが自然だと思います。

なぜなら、自分は何が得意かなど、やってみないことにはわからないから。自分は何が好きかということさえ、そのものをとことん味わってみないことには、さっぱりわからないものだから。


たとえば弁護士になったこともない人が、「弁護士こそ、自分が得意で好きな仕事だ」と心に決めたところで、勝手に描いたイメージの中で自己完結しているだけです。実際の仕事というのはイメージよりはるかに大きな輪郭をもつものであり、働くうちにさまざまにはみ出し、広がっていきます。

だから僕が思うのは、すべてを拒絶しないことによって広がる可能性です。

たとえば、不本意な部署移動。

あるいは、希望していなかった業種への就職。

これらを敢然と潔く全面的に受け入れてしまうこと。「しばらくの辛抱だ」なんてしょぼくれた妥協をせずに、全身全霊で、大いに気前よく、自分をありったけつぎ込んでしまうこと。それこそ、自分が得意で好きな仕事を見つけ出す唯一の道です。

たとえどんな道でも、その道を歩いてみないことには、それが不本意なのか、自分の希望と違うのか、あるいは好きで得意なことなのか、いっさいわかりません。

山のふもとで、さあ歩き出そうというときに、「この山は、自分が思っているような山とは違う」と言ってじっと佇んでいても、景色は永遠に変わりません。一度も山を越えたことのない人は、たとえ自分の好きで得意な山が目の前に聳《そび》えていても、それに気づくことなどできやしないのです。

山の過酷さは、地図やガイドブックではわからないのと同じように、仕事のリアルも情報を集めただけではわかりません。定められた時間をいやいや歩くか、楽しく歩くかは自分次第。いずれにせよ確かなことは、「歩かないことには前に進めない」というシンプルな事実です。

与えられたすべてをチャンスと思い、それに感謝する。これはきれいごとでは決してありません。仮に下世話な損得勘定で考えても、拒絶ほどデメリットが多いことはないと僕は考えます。

もしあなたが、不本意な部署にいると感じているなら、まずは楽しむ工夫をしましょう。何も考えず無邪気にやって楽しいのは、単なる子どもの一人遊びです。大人になったらいつまでも一人で遊んではいられないし、仮にできたとしても、それだけでは楽しめなくなります。

大人が楽しむ方法は、人に喜んでもらうために創造することです。

一人でしていたらまったく楽しくないことでも、それをすることで誰かが心から喜んでくれれば次第に楽しみになり、いずれ自分自身の深い喜びに変わります。世間では「きつい、汚い、しんどい」などと称される仕事でも、その仕事が確実に誰かの役に立ち、喜ばれていると実感できれば、人は喜んで働けますし、自分の役割を楽しめるものです。

他者の役に立つことをモチベーションとしたほうが、自分一人の満足だけを追求するより、喜びは大きく広がっていきます。それが仕事の成功と呼べるものにつながるのではないでしょうか。

また、当人にとって不本意な配置転換とは、その人がどのように動くかを観察するための試みだったりもします。予想を超えた状況でどう動くかを見ることほど、部下の力量を測るわかりやすい方法はないためです。

いずれにせよ、あっさりと「こんな仕事は自分に向かない。やっていられない」と拒絶するやり方は、あまりおすすめできないというのが僕の結論です。

豊かさの貯金

お金の失敗は、若いうちにしておきたい。

借金のトラブル、使いすぎの苦労も、若いうちなら何とか許せる範囲の被害ですみます。友人との貸し借りでいやな思いをし、お金にまつわる人間関係の難しさをじっくり勉強するのもいいでしょう。

お金のことで失敗しても独身で若ければ取り返しもつきますし、万一の場合、フォローしてくれる親もいるでしょう。親をがっかりさせ、悲しませる経験も、なるべく若いうちに、小さめにすませてしまうのが何よりだと思います。

貯金については、結婚して子どもができたら、年収分は蓄えておいたほうがいいと思います。万一のためのエマージェンシーとして、一年働かずに家族を養えるゆとりは、最低限の責任です。

しかし独身であったり、子どもがいないのであれば、銀行に貯金するのではなく、自分の中に「目に見えない豊さ」として蓄えるのが、正しいお金の使い方だと思います。そのほうがのちのち何倍にもなって返ってくると、自分の経験からも感じているのです。当然ながら、分相応に高価な時計や車は単なるモノであって、豊かさの貯金にはなりません。

お金を使うにあたっては、「浪費なのか、消費なのか、豊かさの貯金なのか」を見分けるための格好の質問をしましょう。お金を自分の友だちだと想定して、自分にこんなふうに尋ねてみるのです。

「これに使って、お金は僕に感謝してくれるだろうか？　このことに使われるのはいやだと悲しむだろうか？」

ギャンブルに費やされて、お金という友だちは喜ぶだろうか？

知らない場所を見に行く旅はどうだろう？

まったく新しい勉強を始めるために使うのだったら、お金はどう言うだろう？

お金を友だちと見なし、じっくり考えたすえに導き出された答えに従えば、そうそう間違いは犯さないと思います。

不思議なものですが、お金には「使われてうれしければ、返ってきてくれる」という性質があります。お金と仲良くする、お金と友だちになるというのが、最良の投資テクニックかもしれません。

その一環として、財布はいつもきれいなものをもち、小銭やお札そのものもていねいに扱うことも必要でしょう。

もしもあなたがカードを使いすぎたり、キャッシング漬けになっているのであれば、ローンの状況や収支よりも自分のメンタル面を点検することです。キャッシングはよほどの非常時のものなのに、日常的に使っているのは明らかに病気だと判断すべきでしょう。浪費とは、自分が満たされていないことの表れです。

お金を使うことでかろうじて埋め合わせている「何か」を見極め、そのものを満たす努力をすることで、無駄な出費は自然と抑えられるはずです。

直感を信じよう、勇気を出そう

理屈で言えば選ばない道でも、「こっちだ」と直感がささやけば、僕は迷わず直感に従います。

よい仕事には、日々の決断力が重要です。いくつかある選択肢に悩んだとき、行こうかやめようか揺れたとき、僕は直感に決定をゆだねます。まわりの状況がどうであれ、賢い人がやめたほうがいいと止めているのであれ、数え切れないほどの「前例」や「過去の成功体験」がどうであれ、自分の直感がささやくままに進んでいこう、そう決めています。

直感は、四六時中ささやいてくれるわけではありません。ときには考え抜いた理性に答えを出してもらうことがあってもいいと思います。

直感の声はまた、体を繊細なヴァイオリンの名器のように大切にメンテナンスし、研ぎ澄ましておかないと聞こえなくなります。

人生で本当に重要な決断をしたいとき、頼りになるものが直感であるなら、やはり健康管理が大切になってきます。直感を鍛える方法とは実はシンプルで、心身ともにいつも健康でいることが一番の道です。

直感に従って「この道を行く」と決断したにもかかわらず、前に進めない人もいます。多くの場合、原因はあと一歩の勇気が足りないこと。直感＋決断＋勇気が揃ってこそ、ようやく「はじめの一歩」が踏み出せます。

勇気はまた、決断を要さないようなルーティンワークにも、なくてはならないものです。勇気があれば、たとえ今までと百パーセント同じ仕事であっても、別の結果になります。

労力もいらず、無難にすませられるような仕事でも、勇気を出して別の方法を試みたとたん、自分の色がつきます。ありふれた仕事が、生まれてはじめての経験に変わります。大きくジャンプし、成果につながることもあります。

たとえ今までと同じ程度に終わっても、勇気を出して行った仕事には実感が伴います。「ああ、これができた」という手ごたえを、しみじみ感じるでしょう。「ジャンプしたけど、ここでミスして落っこちた」と、痛みをまざまざと味わうでしょう。いずれにせよ、チャレンジしたという経験が、自分を変えてくれます。

しかし、勇気を出さず、決められたプロセスをたどっただけであれば、それは結果がどのようなものであっても、無意識に歩いた道に過ぎません。どんな景色だったのか、石ころがあったのか、そんな他愛のないことがうっすら記憶に刷り込まれることすらないのです。やってもやらなくても同じこと。自分は何一つ変わりません。

どうせ仕事をするならば、大いに勇気を奮い起こしたい。

勇気を出すチャンスは、ところどころにあります。しかし、みんながみんな勇気を出すわけではないのは、

「右へ行くか？　左へ行くか？」

そう考えたとき、人と違う方向に自分だけ行くのは、恥ずかしいし、ときには笑われるし、みっともなかったり、嫌われたりしかねないからです。そうした格好悪さを正面から引き受けて、人の目を気にせず自分を貫くことも勇気です。

仕事をする中で、僕はたくさんの素敵な大人に出会ってきました。彼らを見ていて、確かに言えることがあります。

「勇気のない人は、なりたいものにはなれない」と。

自分で原因をつくらない限り、結果を生み出すことはできません。

誰かが結果をもたらしてくれるのをじっと待っていたのでは、なりたいも

のになど、なれるわけがありません。
格好悪くなりましょう。勇気を出して仕事をしましょう。

おわりに

その先には人がいる。

先日、仲良くしている大学生の後輩から、これから社会に出て仕事を始めるにあたって身につけておくべき大切なことは何でしょうか？　と聞かれました。

すぐに答えられなかった僕は、それはもしかしたら自分自身が、今立ち返るべきことかもしれないと思いました。

仕事とは社会との関係性です。どうやって自分が社会とコミュニケーションを取るのか。いかにしてそのコミュニケーションに価値を創造するのかということです。そのために最低限備えておかなければならないこととは何だろうか。

一つ、きちんとした挨拶を行うこと。挨拶上手になることです。挨拶はどんな場所、どんなときでも自分を守ってくれるのです。元気な声でにこやかに、そして自然な挨拶ができる自分でいたいと思います。

一つ、身だしなみが清潔であること。私たち日本人は昔からとても清潔好きな人種です。毎日お風呂に入り、身体を洗い、いつも清潔でいることが大切です。服装や身につけるものが贅沢品でなくても、清潔さを心がければ、決して他人にひけを取りません。贅沢な高級品を着ているのに不潔な身だしなみでいたら、せっかくの高級品もにせものにしか見えません。肌、髪の毛、匂い、服装、身につけるものを清潔にしましょう。清潔でいることは、あたりまえのようですが意外と難しいのです。自分を見直したら、自分のまわりも見てみましょう。仕事机、車の中、家の玄関から部屋、クローゼットなど。そういった仕事や暮らしの場所も、できるだけ清潔にしないと、自分自身の身だしなみが本当の意味で清潔にはなりません。いつ誰と会っても、輝いて見えるように清潔であるべきです。

一つ、笑顔を忘れないこと。ある日、外国の友人が旅先で別れるときに"Don't forget your smile."と言ってくれました。あなたの笑顔は素敵ですよ。その笑顔があらゆることを解決してくれるし、幸せを呼んでくれますよ、という意味を僕は感じました。いつもにやにやしているということではありません。どんなことにも心からにこやかな笑顔で向き合うということです。仕事がうまくいってなかったり、暮らしが満たされていなかったり、人間関係で悩んでいる方を見ると、みんなせっかくの素敵な笑顔を忘れてしまっています。何かいやなことが起き続けているとき、誰にでも簡単に今すぐできる対処法は、忘れかけていた笑顔を取り戻してみることです。人に会ったとき、挨拶するとき、話をするとき、何かと出会ったときなど、どんなときでも笑顔で向き合うのです。僕はいつも自分自身に向けて、合言葉のように"Don't forget your smile."を唱えます。それは魔法の言葉のように効果てきめんです。ぜひ忘れないように。

一つ、運気を味方にすること。運気というものを味方につけることが仕事や暮らしにはとても大切なのです。運気という存在を馬鹿にしないでください。ではどうしたら、運気を味方につけることができるのでしょうか。

それは先に書いた、「きちんとした挨拶をすること」「身だしなみが清潔であること」「笑顔を忘れないこと」。この三つのルールを、仕事と暮らしにおいて大切にして過ごすことで、自分にとってのよい運気が集まってきて、その運気が自分の行いをあらゆる面で助けてくれるのです。三つのルールは誰でもいつでも簡単にできることです。それによってよい運気が自分の味方になってくれるのです。そうすると、気がつけば自分のまわりもよい方向に変わっているのです。

仕事や暮らしとは、常に苦労や困難がつきまとい、思いどおりにいくものではありません。であるからこそ、この三つのルールを守り、よい運気を味方にすることで乗り越えていきたい。その考えには、知っておくべき、忘れてはいけない大切なことがあります。それは、どんな小さなことや行いにおいても、その先には人がいるということです。自分さえよければ関係ないとか、そんなの知らない、とか思ってはいけません。私たちは人とのつながりという関係性によって、生きている幸せや喜びが得られるのです。幸せとは誰かと深くつながることができたときに一番強く感じるものです。お金で買える何かを手にしたときの喜びなんて一時のものです。

創造力を目一杯働かせて、自分の仕事や行いの先に、いつも人がいることを考えましょう。その人が家族の誰かだとしたら、どのようにしますか？　恋人だとしたらどのようにしますか？　子どもだとしたらどのようにしますか？　どんなことにもその先には人がいる。この言葉について考えてみる。そうすれば、自分が改めなければならないことが何かと気がつきます。

仕事において、暮らしにおいて、いつでもどんなときでも、自分に幸せを運んできてくれるのは、助けてくれるのは、人であることを忘れてはいけません。

文庫化にあたって

『松浦弥太郎の仕事術』の刊行から二年が経ちました。二年という月日が、果たして長いものなのか、短いものなのかは、何とも言えないけれども、その二年の間で変化したこと（すなわち仕事術）は少なくありません。

たとえば、最近の僕はこんなふうにしています。

必要だから身近に置いておこうと思っていた本や、いわゆるモノと呼ばれるような品々、引き出しの中に保管していたこまかなモノや資料、ガラクタ、そういった自分にとってあたりまえにあるようなあれこれを、整理し、一気に処分をしました。

もっているものはとにかく少ない、と自負していた自分であったけれども、必要と思っていたものは、それなりにたくさんあるものだと改めて感心しました。そんなふうだから相当量のゴミを出しました。勢いは洋服にまで及びました。洋服こそ、他人と比べて持っている量が少ない自分であったけれども、あまり着ることのないと思う服を含め、さらに処分をしました。するとクローゼットは、もぬけのカラのようになりました。

目に見えるものはすべて「ちょっと足りないくらい」にしよう。

要するに、暮らしに支障のない範囲での「何も持っていない暮らし」を始めようと思ったのです。ストイックといってしまえば言葉は美しいけれども、決してそうではないから誤解しないください。気に入って手元にあるものの中には、まだ贅沢品がたくさんあるのです。

なぜそんな気分になったのだろうか。その心境を書いてみたい。

ある日、こんなことをぼんやり考えました。

物心ついた、はたち頃から三十代の終わりまで（要するについ最近まで）

何をしていたのだろうか、と思い返すと、知らないことを知ることにとにかく多忙で、本を読んだり、人と会ったり、見たり聞いたり、あれやこれやと、あっちこっちと出歩いてばかりでした。他人よりも一つでも多く何かを知っている自分になりたかったのです。インターネットが普及していない頃でしたので、どんなささいなことでも、何かを知ることはいちいち苦労が必要でした。しかし、それがある意味、仕事でもあり、自分の学びでもあると思っていました。そんなふうだから、知ることばかりに一生懸命で、何かを考える、考えた、という記憶が本当に少なかったのです。そうしたことに、はたと気がついたのです。

おそらく、知ることで増える知識に頼って、何かをじっくりと考える必要を感じなかったのだろうと思います。何事も。

知ることもなかなか大変であるけれども、考えることは、知ることよりもっと難しい。けれども、何かを何でも知っている人を目指すのはもうやめて、何も知らないからこそ、いつも自分でじっくりと考える人になろう。何も知らなければ、何とか自分で考えなくては、という気持ちになるだろうし、いつかの自分はそうであったはず（かなり子どもの頃であろうが）。そういう初々しさを取り戻したい。

ゼロ設定というか、初期化というか、何も知らない、何ももっていない自分にあえて戻すことで、どんなことでも自分の頭で考え、自分だけの発見をしたい。もちろん、何も知らない、何ももたないと言っても、自然と目や耳に入ってくるものはあるし、すでに今まで得てきた知識もある。まあ、それはそれでいいのだけれど（できれば知識は忘れたい）。

昔のようにアンテナを立てて、きょろきょろして、積極的に何かを知ることはもうやめて、持ち物も極力増やさないように心がけてゆく。それによって変わる自分のライフスタイルから、新しい「仕事術」を発見し、学んでいきたいと思っています。

ようするに、もっともっと、考える自分になりたいのです。そのための身辺整理なこの頃です。

松浦弥太郎

解説

佐々木俊尚

私たちは、何が「基本」なのかが良くわからない時代に生きている。

一九八〇年代ごろまではそうではなかった。とりあえず日本社会には規範のようなものがあり、世間体といったことばで呼ばれる空気の圧力があり、従わなければならないルールが頑として存在していたのだった。年長者の言うことにはたいてい理も正義もあり、若者がいくら強がって反抗しても最後には必ず折れざるを得なかった。

それはかなり息苦しかったけれども、一方で安穏な時代だったことも事実だった。とりあえず社会のルールに則ってレールの上を走り、年長者の説教に従っていれば、とりあえず道に外れる心配はなかったからだ。

そういう時代のことを私は「戦後社会」と呼んでいる。戦後社会はいったいいつ終わってしまったのかは明確ではない。たいていの場合、時代の変化と人々の意識の変化は少しずれて生じる。たとえば虚栄のバブル経済は、一九八七年に始まって九一年に終わったというのが経済学的な定説だ。しかしバブルの象徴のように記憶されているディスコ「ジュリアナ東京」が人気を呼んでいたのは、実は九二年から九三年にかけてのことである。この時期まで、人々はまだ豊かさが続いていると信じていたということなのだ。

戦後社会が終わりつつあるという終末感が広がってきたのはさらにそれから数年を経た、一九九五年ごろからのことである。この年に阪神淡路大震災とオウム真理教事件が起きた。さらに二年後には金融危機が起き、山一證券や北海道拓殖銀行が破綻した。そして二〇〇〇年ごろからはグローバリゼーションが劇的に進行し、日本社会もその渦の中へと巻き込まれていく。総中流社会と長く信じられていたこの社会の中に、だれも予想さえしていなかった貧困と格差が生まれ、終身雇用制や年功序列といった戦後社会の基盤がだんだんと衰退していった。

この時代状況を、太平洋戦争の終戦以来のパラダイムシフトだと説く人もいれば、明治維新以来だという人もいる。さらには江戸時代から四百年続くムラ社会が、ついに終焉を迎えているのだとする指摘さえある。だがいずれにしてもただ一つ言えるのは、もう戦後社会の常識は通用しなくなってしまったということだ。「世間」のような社会の空気は消滅してしまい、年長者の言うことは古い常識にしか聞こえなくなった。いったい何が正しくて何が正しくないのか。どう生きるのが良い生き方なのか。いったい自分の生き方のベースをどこに置けばいいのか。そういうようなことがさっぱりわからなくなってしまった状況に、いまの私たちは置かれているということなのである。

どう進んでいけばいいのか悩んでいる人たちのために、たくさんのビジネス書が刊行されている。でもそういう本はたいていの場合、対症療法的だ。「この仕事は収入が減っていくから、この仕事の分野に進め」「英語を身につけないとグローバル時代を生き残れない」。それらひとつひとつは正しい指摘かもしれない。でも「なぜそうなるのか」「自分の基本とは何であるべきなのか」という根本的なことは、たいていの場合書かれていない。

しかしこのように混沌として不透明な時代状況だからこそ、どこにベーシックなものを求めるのかという姿勢は重要である。依拠すべき基盤がない時代だから、自分で自分の基盤をつくっていかなければならないからだ。

松浦弥太郎さんのこの本は、そういう意味で実に「根本」的だ。

たとえば本書の中に、ジャズクラブの名門「ブルーノート」に著名なミュージシャンの演奏を聴きにいったときの話がある。松浦さんは何を着ていけばいいのかと悩んだ。特別なライブだからと、ブラックタイやドレスなどのフォーマルな装いを選ぶ人もいるだろう。目的はジャズを楽しむことなんだからと、ジーンズにシャツという、くだけた服装かもしれない。カジュアルすぎて場違いかもしれない。格式ばりすぎて浮くかもしれない。

　そう頭を悩ませていた松浦さんに、ある年上の男性がこう教えてくれた。

「きみは、ジャズプレーヤーの演奏を聴きに行くんだろう？　それなら、まわりのみんなじゃなく、そのジャズプレイヤーに対して敬意を払う服装で行けばいいいんだよ」

　松浦さんはこう結んでいる。

「自分がかかわるすべての人に敬意を表すための、清潔感ある身だしなみ。これが基本としてあれば、たいていの場面にふさわしい服装もわかってきます」

　さまざまなものをそぎ落としていけば、清潔で簡素であることへとたどり着く。「ラフな恰好をしていってみっともなくないだろうか？」という世間体。自分をカッコよく見せたいというような虚栄心。あるいはその逆の恥じらい。しかしそういう夾雑物《きょうざつぶつ》を排していくことによって、自分の服装もたたずまいも、そして人との関係も、実にシンプルで気持ちの良いものへと変わっていく。

私たちを取り巻く息苦しい社会や世間の圧力みたいなものは、戦後社会の終わりとともに日々色が薄くなってきている。そういう中で、ほんとうの人間関係や、ほんとうの自分自身というものがすっきりと姿を現してくる。松浦さんは書いている。「どこに所属していようと、誰と共にいようと、結局のところ自分という存在は一人であり、生きていく単位はあくまで『個』であると思います」と。そして「個であることは、すべての責任を自分一人で引きうけるということ。これは言葉にするのはたやすいのですが、とてつもない勇気と覚悟がいります」とも。

この勇気と覚悟を支えるのが、構築的な生活スタイルだ。

食事をきちんととり、身体を鍛え、睡眠を十分に取る。規則正しい生活は、何よりも大切である。

私事で恐縮だけれども、私は一九八〇年代のバブルのころから世紀の変わり目まで、全国紙で事件記者として過ごした。労働時間は恐ろしく長く、ひどいときには午前三時ごろに帰宅し、午前五時にはもう次の取材のために起床しているというような生活をしていたこともある。取材のために好きでもないキャバクラやカラオケスナックに付き合い、得体の知れないガラス瓶に入ったウイスキーの不味い水割りを呷り、そして決まって深夜過ぎには憂さ晴らしに同僚と焼き肉屋やラーメン店などで酒を飲み直すという放埒きわまりない生活だった。

毎日極度の緊張感にあふれた仕事はそれはそれで麻薬的に楽しかったけれども、そんな生活が永遠に続けられるはずもない。

事件記者の末期には身体を壊して入院手術し、それがきっかけとなって新聞社を退職した。そして三年間の出版社勤務を経て二〇〇三年にフリージャーナリストとして独立したのだが、以降の十年間は自分の生活を再構築させていくための努力の日々だったと言っても過言ではない。

よく言われることだが、フリーランスという仕事はだれも自分の身を守ってくれない。だから仕事も生活も、そして心身も自分で守る必要がある。

まずスポーツジムに通い、ランニングと筋力トレーニングに励んだ。体重を落とすために、専門家の食事指導を受けた。もともと私は料理が好きだったので、妻と同居し始めたときから私が毎日の料理番を務めているのだが、毎日の食事のつくりかたを根底から変えた。肉類を避け、スパゲティやパンなどの欧風の食材から、うどんやご飯などの和の食材へと変えていった。旬の野菜の味わいをゆっくりと楽しむようになった。

さらには、伊豆高原にある断食施設に毎年春と秋の二回通い始めた。この経験は実に鮮やかだった。

断食を二日も続けると、空腹が増すごとに感覚はどんどん鋭敏になっていく。特に極端なのが味覚だ。食事代わりに出るシンプルなジュースを味わうと、中に入っている柑橘の味が舌を突き刺すように感じる。断食を終えて出される回復食の薄い味噌汁を口に含むと、舌は鋭敏に昆布の出汁の味を感じる。素材の味に対する感覚が、きわめてクリアになっていくのである。これは日常生活では決して得られない不思議な感覚で、私にとっては驚天動地の新体験だった。素材の味って、なんて豊穣な世界なんだろうと感じた。

われわれの日常の食事は、さまざまな調味料に彩られている。塩、醬油、味噌、酢、オリーブオイル、ハーブ類、スパイス類。さらにはアミノ酸調味料。しかし日本で醬油や味噌が一般に普及したのは鎌倉時代以降とされ、平安時代までは塩と酢ぐらいしかなかった。それだけの情報だと、古代の日本食が貧相なものに思われる。しかし断食体験をしてみると、実はそうではないことが皮膚感覚として実感できる。醬油や味噌さえ知らなかった古代人は、おそらくは私が断食中に味わったのと同じような味覚を、毎日のように体験していたはずなのだ。つまりは調味料がないからこそ、素材の豊穣な味をじっくりと楽しめていたはずで、見た目や構成は素朴だったとしても、驚くほど豊かで鮮烈な感覚に満ちていたということなのだ。

断食はひとつの例にすぎないけれども、これも確かに「基本に立ち返る」ということだ。醤油や味噌はなくてはならない調味料だと思い込んでいるけれども、本当は必要ないのかもしれない。素材の味で十分なのかもしれない。それと同じように、いまこの人生の中で「必要だ」と思っているものの多くは、実は単なる思い込みにすぎないのかもしれない。

それらのほとんどは、ぬぐい去り捨ててしまうことが可能なのではないか。そしてそれらをすべてぬぐい去ったあとに残るものを大事にしていくべきなのではないか。

残るものとは何か。

それは自分の理念であり、他者への尊敬であり、素朴で清潔な生活である。そういう基本的なことを、松浦さんは本書でていねいに、本当にていねいに綴っているのだ。

たとえば「考える」という作業。思考のためには、何かたくさんのツールや材料が必要な感じがする。準備もしなければならないと思う。でも本当に基本的な「思考」には、そうしたものは必要ない。

思考のための方法を、松浦さんはこう書いている。「静かな部屋で机に向かい、頭の中に一枚の白い画用紙を置く。そこに一番先に浮かんだ言葉を書きとめる」。そしてその言葉について、あらゆる角度から「何だろう?」「どういう意味だろう?」と深く考え、思索を重ねていく。

私は断食体験をきっかけに、自分の「基点」というようなものを常に考えるようになった。生活が崩れ、思考が変な方向に傾き、仕事がうまくいかなくなったとき。そのときには、まず自分の「基点」を思いだすのだ。どこか一か所に「基点」を作っておけば、そこへつねに立ち戻っていくという行いが可能になる。

これとまったく同じ考えかたを、松浦さんは素敵な文章で表現している。

「普通にしていたら流されてしまう、だからこそ不安になりましょう。勇気を出して立ち止まり、自分の理念に立ち返りましょう。

たとえどんな状況であっても、自分の理念から外れていたら、損失を甘んじて受け入れて軌道修正する。仕事にはときとして妥協しなければならないこともありますが、理念については、決して妥協してはなりません。

これだけは、絶対に忘れたくない勇気と矜持だと思います」

本当にそうだと思う。

（ささき　としなお／作家・ジャーナリスト）

著者紹介
松浦弥太郎（まつうら　やたろう）

1965年東京都生まれ。『暮しの手帖』編集長、「COW BOOKS」代表、文筆家。18歳で渡米。アメリカの書店文化に惹かれ、帰国後、オールドマガジン専門店「m&co. booksellers」を赤坂に開業。2000年、トラックによる移動書店をスタートさせ、2002年「COW BOOKS」を開業。同時に、執筆・編集活動も行う。2006年より『暮しの手帖』編集長に就任。著書に、『本業失格』『くちぶえサンドイッチ』『くちぶえカタログ』『今日もていねいに。』『あたらしい あたりまえ。』『松浦弥太郎の仕事術』『愛さなくてはいけない ふたつのこと』『松浦弥太郎の新しいお金術』など多数。
COW BOOKS　http://cowbooks.jp
暮しの手帖　http://www.kurashi-no-techo.co.jp

装丁　白石良一、生島もと子
（白石デザイン・オフィス）

編集　大崎俊明
（朝日新聞出版）

編集協力　青木由美子

松浦弥太郎《まつうらやたろう》の仕事術《しごとじゅつ》　朝日文庫

2012年７月30日　第１刷発行
2013年６月10日　第３刷発行

著　者　松浦弥太郎《まつうらやたろう》

発行者　市川裕一
発行所　朝日新聞出版
〒104-8011　東京都中央区築地5-3-2
電話　03-5541-8814（編集）
03-5540-7793（販売）
印刷製本　大日本印刷株式会社

Published in Japan by Asahi Shimbun Publications Inc.
定価はカバーに表示してあります

ISBN978-4-02-261731-6